歴史散策は楽しい——倉敷市水島のまち・ひと・自然

はじめに

縁がありまして私が、倉敷市の東部からこの水島地域に引っ越してきたのは、今から3年半ほど前のことです。

そのころ、水島公民館で「人権講座」という地域の歴史も入れた、ちょっとしたお話をさせていただく機会がありました。そのあとの雑談の中で、「実は水島の歴史を話して頂く方がおられないので……」と言われた方がおられたのです。

これまで私には、生まれ育った「倉敷市帯江地区」を中心にした郷土史を少しばかり調査して、ホームページや本にしてきた経験はありますが、水島はそれこそあまり知らない土地でした。でも、面白そう~とは思ったのです。

水島と言えば……そう、工業地帯です。そして古くさかのぼれば干拓と洪水の歴史が重なっているということくらいは頭に浮かびました。

最初は名前だけは知っていた「千人塚」の調査から始めました。一カ月にひとつづつホームページに記事として追加していく……という従来の手法で始まったこの調査。

毎朝の散歩で地域を歩き回りながら、雰囲気を感じ、ぶつかった事を題材に書き進めていくという、郷土史ではあまりない私のやりかたも継続していきました。

各ページの最後に、調査してそのホームページを作成した年月がありますが、この本でも残すことにしました。

でも、歩き回ってみると、この「水島」ってなかなか魅力的で、住みやすい土地だな〜という印象が浮かんできたのです。道路は広いし、公園が多いのです。

「水島と言えば公害」という外部から見た印象とは全く違うのです。調べれば調べるほど面白くなって、夢中になってしまった「歴史散策は楽しい―倉敷市水島のまち・ひと・自然」です。

皆様にお読みいただけたら幸せです。ありがとうございます。

杉原尚示

目次

第三章　明治から現代まで

第一章　水島が海の時代のこと

1節　古代水島の遺跡たち

古い水島地域は海だったのですが、意外にもその周辺には多くの古代遺跡が残されています。縄文時代から弥生時代、そして古墳時代。

周辺の連島、福田地域に残された遺跡たちを調べてみましょう。

1　梅雲寺古墳のこと

私が最初に出会ったのは、さきの「連島出身の力士たち」の取材で出会った梅雲寺古墳でした。由緒ある禅宗のお寺さんのお隣に、あっ、というような見事な石室が露出していました。大きな石が使われています。高さは2ｍを超えるでしょうか。往時はどれほどの大きさの土盛りとなっていたのでしょう?　連島という孤島にあったとは思えない大きな古墳ではないでしょうか?
「側壁石積が露出して危険であったため、修理して現在は石室内を補強し密閉している」とあります。「6~7世紀のもの……(略)連島ではおそらく土器製塩に従事した……その一族が……」とあります。

近くの梅雲寺、かって源平水島合戦に敗れた木曽源氏の武将の妻が、亡き夫の菩提を弔うために、尼となってこのお寺にこもったと言われているそうです。

2 茂浦1号墳は保存されていました

実はこのすぐ上のサニータウンが開発されたときにも9基の古墳が発見され、「茂浦古墳群」と名付けられています。で、行ってみました。団地の突き当たりに小さな山が残っていまして、そのすぐ横に「茂浦1号

梅雲寺古墳

墳」が公園化されて残っていました。

径8・4mほどの円墳だそうで、どうやら土盛りを復元してあるようです。

今は団地内になった2号、3号墳は探しましたが「調査後破壊、消滅」となっていて、影も形もありませんでした。また4～9号墳は未調査のようです？

茂浦1号墳

梅雲寺古墳からこの1号墳をはじめとした古墳群、どうやら連続性を感じさせますね。ここ茂浦地区には代々古墳を作るような有力な一族がおそらく製塩を主体に栄えてきたのではないでしょうか。

またその他にも福田地域に、古城池南古墳（古城池トンネルを西に水島方面に出た左手の山中）、金浜古墳（児島塩生の標高40mの尾根上）、湾戸古墳群（ライフパークの北西方向の標高40mの南向き斜面にある7号墳は特別養護老人ホーム建設に伴って発掘調査が行われた）などが知られているようです。

福田貝塚発掘の碑

福田貝塚全景

3　あの有名な『福田貝塚』が

私はかって倉敷市羽島の「羽島貝塚」を調査しました（1999~2000年）。市内の縄文遺跡として貴重な遺跡です。そこで出た人骨は「東大博物館」にあり、対面？　してしまいました。

その時に市内での有名な貝塚として『福田貝塚』の名を今でも覚えています。羽島と同じようにそこで出土した土器が、日本の縄文年代を規定する「縄文標式土器」になっているというのです。「福田KⅡ式、福田KⅢ式」等といわれるのがそれです。

日本で有名な縄文貝塚2つが倉敷市内のすぐ近くに2つもあるのです。

で、この福田貝塚、すぐ近くの様でしたので、朝の散歩で寄ってみました。古城池トンネルを西に水島方面に出て少し、古城池の下側の堤防のすぐ下だというのです。

写真のような石碑がありました。昭和25・26年（1950・51年）に発掘調査が行われた時の石碑でしょう。

また畑の中に少しですがそれらしい貝殻が散らばっていました。今から4000年ほど前の貝殻です。

ふーん、縄文人たちは長いこと、ここですぐ下の海を見下ろしながら生活していたのでしょうね。しばらくたたずんでしまいました。

そのほか、今の水島地域、水島灘を囲む山際には、百科事典にものる「西日本で最初に注目された旧石器時代遺跡『鷲羽山遺跡』」をはじめ、児島の西海岸、連島南岸、玉島地域の東岸などに多くの古代遺跡が散在しています。水島地域は「歴史がない」どころか、古代遺跡の宝庫ということができると思います。

（2017・12）

2節　倉敷市連島の名刹『宝嶋寺』のこと

今の水島地区は江戸時代以来、東は福田地区から、また北は連島地区から、西へ、南へと干拓が続き、倉敷市福田町○○と、また倉敷市連島町○○などとなりました。最後は東高梁川の廃川地が「倉敷市水島○○町」となっています。そしてさらにその先に巨大な臨海工業地帯が立地して、現在の姿になったのです。

その水島の歴史を探訪するとき、東の福田地区とともに、北の連島地区の歴史を考えないわけにはいきません。その連島地区を探訪しますと、何と言っても古刹の「宝嶋寺」です。幸い私のＨＰにはその宝嶋寺を訪ねたページがありました。もう10年前ですが、以下その記事をそのまま載せたいと思います。

（２０１６・11）

今回は倉敷市の南に連なる山並み、昔は島だった連島の『宝嶋寺』について触れましょう。「名刹」なんて書くと「それなに?」って言われそうですが、「古い由緒ある寺院」とでも言いましょうか、要するに有名寺院のことです。名寺といったほうが判りやすいかもしれませんね。

今日は「備中倉敷学」という倉敷の歴史を極めようという団体の『宝嶋寺』見学会なのです。

バス1台に詰め込んだ会員のメンバー、着くやいなや持物堂へ案内され、そこで「倉敷学」のメンバーでもあるご住職から『宝嶋寺』史を講義される次第と相成りました。

1 『寂厳和上』が書き残した巻物

宝嶋寺というと、何と言っても寂厳(じゃくごん)和上ということになります。住職の講演も「今から10代前の寂厳和上が、巻物と冊子を残してくれました。和尚は『住職たるもの、ちゃんと記録を残さねばな

寂厳和上

らない』と言っておられ、その人の残した記録は今でも貴重な資料です。その巻物を解読したものを私のお話の資料にしました。」というところからはじまりました。

寂厳和上（１７０２〜１７７１）は、備中足守藩士の家に生まれて出家、修業の後この宝嶋寺住職として過ごします。その間悉曇学（サンスクリット語）の権威として多くの著作や書を残されています。釈子住職の講演はこの寂厳和上の巻物の解説から始まりました。頭の上には写真下の寂厳さんの書がかかっています。なんと、超近代的ではありませんか。

寂厳和上の書

２　かっては大寺だった

「ここは、備中の７本寺の一つで、弘法大師の孫弟子になる聖宝尊師が開基（８５９年）しています。この人が開基したお寺は、ここから京都へ向かって、段々とあります。」

「以前は13院ともいう広大な寺域を持つ大寺だったのですが、慶長年間と、元禄年間に火災に逢い、仁王門のみを残してみな焼けています。」

「今は仁和寺派ですが、以前は新義真言宗総本山の根来寺と関係が深く、いろんな資料が残っています。」

「以前は寺領がたくさんあったのですが、戦乱で次第に失われ、戦国末期にようやく15石をもらっています」

3　小堀遠州作の庭園も

「庭は小堀遠州の作と言われるものです。また全国に30数カ寺のみという、徳川将軍代々の位牌を収めたお寺のひとつでもあります。」「寛文6年ごろ、備前藩の池田光政による寺院整理があり、1000寺以上が廃寺されたのですが、このときこ寺の末寺もたくさん整理にあい、多くの僧がここに帰ってきています。」　第40代住職、釈子哲定さんの講演の後は、めったに見られない寺内見学会です。ここは平安当時の古式の形式を残したお寺で、上下2段に別れていて、上段にある本堂は僧の道場としての形式を残しているそうです。また講演のあった下段の持物堂内も、コの字型の部屋配置

小堀遠州作の庭園

など、古式にのっとったものだということでした。

（2006・4）

上の段にある本堂

3節　830年前の源平・水島合戦のこと

1、日食だったって、本当????

車で走っている時のことでした。「あれ、あれ、あそこが水島合戦だって聞いたことがあるわよ。」お隣の方がおっしゃるのです。えっ、『水島合戦』……。それって、源平合戦のこと?

というわけで、今回のレポートは始まります。ところは、倉敷市玉島地域の南部を東西に貫通している水玉ブリッジライン(元水玉ハイウエー)でのことです。実は私は高梁

道路脇の案内板

川にかかる一番東の橋（水島大橋）のことしか知らなかったのです。それから少し西にある橋（倉敷市玉島乙島と玉島柏島の間にかかる橋）が玉島大橋だということも今回初めて知ったことでした。その玉島大橋のすぐ西に、なるほど「源平水島合戦　古戦場跡」という看板が見えます。

1、今の玉島で行われた『源平水島合戦』

えー、こんなところに……。驚きでした。不明な私は「源平水島合戦」は「水島の途」と言いますから、水島灘、すなわち今の水島の沖あたりで行われたものと考えていたのです。もちろん根拠なく、ぼやーっとそう考えていたのです。

それが、玉島地域の乙島と柏島の間の狭い海峡が古戦場だとは……。ここらあたりは太古には瀬戸内海に東から、児島、連島、乙島、柏島と島が連なった地域であったのです。

源平水島古戦場

高梁川は今の倉敷市酒津あたりが河口であったようです。地図を見ますと、遠く玉島地域のいちばん西の沙美からさらに西の笠岡沖までが『水島灘』と書いてあります。そうなんだー。

早速車を止めて寄ってみました。玉島大橋のすぐ西の下、海岸べりに登り口がありました。上がってみると写真のような小さな公園でした。『源平合戦水島古戦場』という大きな石碑があります。また銅板に詳しい解説もありました。

それによりますと、今から30年余り前の昭和58年（１９８３）11月に「源平水島合戦８００年祭」が行われ、この公園ができたとありました。

ふーん。と古戦場跡らしい海峡を見ようと思いましたが、木々が生い茂ってよくは見えません。

でも８３０年あまり前に、このあたりが天下分け目の源平合戦で、平家方が唯一勝利を収めた『源平水島合戦』の舞台だったのだなー、と新しい知識を得た感激で、しばしたたずんでしまいました。

2、「源平水島合戦」の小冊子が

図書館で調べてみますと、その800年祭の時に「源平水島合戦（同800年祭実行委員会編）」という小冊子が発行され、それに詳しく書かれているではありませんか。

それには830年前の天下分け目、源平水島合戦についての詳しい解説や、場所についての検討結果などが書かれています。

時は寿永2年（1183）閏《うるう》10月1日。西の柏島に平家が、また東の乙島に源氏（木曽義仲方）が陣を敷き、戦いの末に平家が勝って、「初めてのこの勝ち戦が平家を上洛の望みに誘い、その後の一の谷、屋島、壇之浦と一路平家滅亡への転機となったのがこの合戦であった」ともあり、当時の源平合戦のなかでのここ水島合戦の重要性が語られています。

私たちにおなじみの源平藤戸合戦は、寿永3年（1184）旧暦12月7日（新暦では翌1185年1月10日）といいますから、この水島合戦はそれより1年余りまえの出来事のようですね。その1年の間に源氏は義仲方と頼朝（義経）方の戦いがあり、平家は福原（神戸）あたりまで巻き返すが、一の谷の戦いに敗れて屋島を本拠に備前児島まで進出してきていたようです。源平合戦はこの藤戸合戦から一挙に元暦2年（1185）3月の壇之浦まで進むわけです。したがって、水島合戦は6年にわたる源平の争いの中期の山場だったようですね。

3、あの『日食』は？

さて、私の頭の中には「源平水島合戦」といえば「途中で日食がおこり、知っていた平家は戦ったが、知らなかった源氏は、すわ天変地異とばかりに驚いて逃げ散った」ということが面白くて、あちこちでしゃべっていたものでした。

この小冊子ではそのことも多々研究され、詳しく解説されていました。

まずはその中の『源平盛衰記』からその部分を抜粋します。

「源氏の追手の大将軍は宇野彌平四郎行廣（略）、五千余人の兵共百余艘の兵船、綱といて押し出し夜の曙に漕ぎよせて鬨《とき》の声を発す。平家待ち受けたることとなれば声を合わせて戦う。両方の軍兵1万余人なれば鬨の声会場に響き渡って……」

「天にわかに曇りて日の光も見えず、闇の世のごとくになりたれば、源氏の軍兵共日蝕とはしらず、いとど東西を失って船を退きて、どこともなく風に乗って逃れ行く。平氏の兵共は兼ねて知りたければ、なお鬨を造り重ねて攻め戦う」

「源氏の軍敗れにければ討ち残されたる者ども、はしぶねに乗り移りとびおりとびおり落ち行きける」

源氏方で「討たるるものは多く助かる者は少なし。或いは備前国へ落ちるもあり、あるいは都へ上るものもあり（略）　1200人が頚切りかけたり」

この小冊子ではさらにこの日食について、元倉敷天文台長　本田実さんも論文を寄せるなどして論考を重ねています。どうやら事実で、平氏は当時の暦学天文学などに通じていてこれを知っていたうえでの戦いだったようです。

ここは「水島の歴史」ですが、今の玉島地域で行われた830年前の源平水島合戦、触れるに意義あることと思い、ここに載せました。

4節　もう一つの源平合戦　平家敗残の地は浦田之郷

前回は「源平水島合戦」についてのレポートをお伝えしましたが、この地水島の源平合戦と言いますと、もう一つのお話があるのです。

それは、水島合戦から1年余り後に行われた「源平藤戸合戦」で、敗れた平家が背後の種松山を越えて逃れてきて、児島の西端、ここ浦田之郷（現倉敷市福田町浦田）から船で水島灘に漕ぎだしたというお話です。

1、古戦場・蟹ヶ坂とは？？？

実はいつもの散歩で少しルートを外れて、福田の古い集落の裏山に迷い込んだ時のことです。ふと山際に真新しい石碑が目に留まったのです。

「源平藤戸合戦　蟹ヶ坂」とあります。何なんでしょうね？

建てたのは郷土史家の高橋彪さんで、もう20年近く前に私が郷土史調査を始めたころにお訪ねし、教えを受けた方です。かって「福田史談会」という郷土史を研究する団体の事務局を長くされていました。いわば私の郷土史の大先輩なのです。

でも、「蟹ヶ坂」って何なんでしょうね。源平藤戸合戦をいちおう調査してきたと思っている私にもよくわかりません。

ちょうど同じ散歩で行き合わせた方が教えてくださいました。「もっと東の上浦田に、古い石碑などがありますよ。古城池トンネルの北側から東へ（種松山方面）ちょっと上がったところです」と。

2、浦田の郷に残された、源平藤戸合戦の遺跡群

源平史跡公園入口

で、行ってみました。倉敷駅前から真っ直ぐに伸びた「古城池線」という県道が粒江側から登りにかかります。古城池トンネルまでのちょうど中間あたりに、左に入る道があります。これを行くと、工業団地があり、その先は種松山に至るのです。でも、左に入ってまもなくでした。左側にその古跡が見えてきたのです。

ここは水島地域とも言え、八間川の水源になっている浦益川の上流にあたるのです。もちろん地名も倉敷市福田町浦田です。さきの人の言では、昔の小字は「上浦田」なのでしょうね。

写真のように、正面にいくつかの石碑があります。やはり高橋彪さんが関わって建てられたもののようです。

左側には『伝　源平之戦　琴捨ての藪』とありました。ここが落ちていく平家の、おそ

らく同行していた女官が携帯していた琴を捨てた藪なのでしょう……。何とも悲しい出来事ではありませんか……。

右側には遺跡を説明した石碑があり「……平氏敗走の浦田の郷　当地に多くの史跡が伝承されている。琴捨藪、升型、追っ掛け嵶（たお、たわ）、五輪様、源氏の嵶、蟹ヶ坂を越え、福田の浜より乗船屋島に……」などとかかれています。別の石碑には「この上……狼煙台の跡」などともあります。　蟹ヶ坂は、最初に紹介したところですし、琴捨藪はここらしいですね。

3、源平史跡公園・狼煙台の跡

そして、正面から少し上った所に公園があり、「源平史跡公園」とありました。多くの古い石塔などが残されています。どれがどれなのか、私には見当もつきませんが、ここが敗残の平家が救援を求めて狼煙を上げた跡なのでしょうね。

狼煙台の跡

今回源平藤戸合戦で敗れた平家が、敗走してここ浦田の郷を通り、福田の浜から船に乗って、屋島まで落ち延びたということがわかり、私の郷土史調査のミッシングリングの一つが埋まった思いでした。

それに、ここ水島の歴史調査の過程で行き当たったのは奇しき因縁とでもいえるのではないでしょうか。やはり郷土史調査はおもしろいの一言につきますね。

5節　『おもかじ　いっぺーえ（いっぱーい）』
戦国連島の英雄・三宅国秀物語

1、「おもかじ　いっぺーえ」

へ先に立つ大男がさらに伸びあがって大きな声を張り上げた
それを合図に14艘の船団は一斉に転回を始める
これまで見守ってきてくれた四国の山並みに最後を告げ、日向灘に乗り出すのである
目指すは九州。瀬戸内で活躍してきた連島水軍にとって、黒潮の流れにさおさす厳しい航海が続く

へ先の男は厳しい顔をそのままに、自分の部下たちをながめ渡した

堺の港を出港してからすでに10日。瀬戸内の海有数の水夫たちは、頭領の姿に信頼のこもった眼を向けている

男はふと懐に手を当て、厳しい航海の行く手に思いをはせた

一族である堺の有力商人から預かった封書が入っている。幕府の要人から琉球王にあてた書状と聞いた

時は永正13年（1516）春先の事である。男は三宅国秀。堺との縁から「和泉守国秀」と名乗る。今の倉敷市連島（当時は瀬戸内海に浮かぶ島であった）に屋敷を構える、海上の保安を司る軍団の長である。当時こうした勢力はみな「海賊」と呼ばれたが、漁や海上交易に従事する海の人々の安全を守る大切な役目を持っていた。

もちろん海の中でも縄張り争いはおこる。三宅国秀はその中でも東瀬戸内一帯を支配し、郷土出身の堺の商人と連合して活躍していた。

これまで商都堺は対明貿易で栄えていたが、少し前に朝鮮で事件が起こり、朝鮮経由の

明との貿易は中断していた。そのうえ応仁の乱のせいで、瀬戸内海の西口下関を支配する大内氏とも対立関係となり、瀬戸内航路自体も困難となっていた。

それで、幕府の意向で琉球航路を開拓しようというのが、三宅国秀たちの行動だったのである。

2、そのとき事件が起こった！　全滅した連島水軍の男たち

連島町史「第7章近世吉野室町時代」の中には三宅国秀について次のように書かれています。

永正の頃に連島に三宅国秀あり、自ら海賊大将軍三宅和泉守国秀と名乗り兵船を造り所謂倭寇の一人として横行したが其の13年に琉球を征したことから島津氏と縄張り争いとなり、遂に之と戦い6月朔日坊の津で敗死した。

今は静かな入り江となっている南さつま市坊津の風景・鹿児島県の薩摩半島（左側の半島）西南端近く

国秀は南航路を開こうとしたんです

しかしこの件では、最近までいろんな説が出されているのが、次第に明らかになりました。たった2年前にも郷土史の大先輩、三宅昭三さんが「高梁川74号」という雑誌に論文を書かれています。

「論文はむつかしい」？　と勝手に思う私は、お話が聞けたらと、お訪ねしました。連島にお住まいで、ご近所の喫茶店でお話を伺いました。

この方、以前に「薄田泣菫生家」でお会いしたのでは？　と思ったら「薄田泣菫顕彰会」の名刺をいただきました。なぜか気の合いそうなその方、とつとつと語り始められたのです。以下そのお話です。

私は高校を卒業してから東京に出ていたんですが、長男が生まれて一週間後に三島由紀夫の事件があり、印象が強かったんですね。あとで郷里に帰ってから、郷土の英雄ともいうべき三宅国秀を知り、なんだか三島と国秀が似た感じがして、国秀についての興味をずっと持ち続けて来たんです。

連島町史では、三宅国秀は「倭寇として横行し琉球征伐に行った」ように描かれていますが、あれは粗略な見方ですね。薩摩の島津氏が、琉球に対する影響を強めようと、後になって自分の都合の良いように書いた資料をそのまま信じたんです。

国秀が薩摩の坊津で敗死した永正13年（1516）当時は倭寇のせいもあって、対民貿易の朝鮮航路がほぼ閉ざされ、応仁の乱で、瀬戸内航路も通れなくなった。室町幕府や堺の商人たちは困っていたんです。

堺にも縁のあった三宅国秀は、その意をくんで琉球航路を開こうと14艘の船団を組んで薩摩まで行ったんです。そして襲われたんですね。今では連島町史の視点よりも、こうした見方が歴史家たちの一般的な説になっていますよ。

三宅昭三さんの解説は明快でした。よかったです。三宅国秀が郷土の英雄であって！！！

3、後日談・連島衆の仇討も

三宅国秀については、浅口郡誌によりますと、さきの連島町史と同じ「琉球を取らんとして……」などと述べた後、「今浅浦に里人三宅氏の屋形と称し、石崖を積みたる屋敷跡現存し、その西方長谷寺境内に三宅氏の墓地には五輪塔羅列し、一見して足利時代当年の仏を偲ぶに足るものあり」（２７６節）などとあります。

また、ウィキペディアなどネット上の情報では当時の事を島津氏の資料として、「薩摩側の記録によると、軍船で風上から国秀の敵船に近づき、積んできた枯れ草を投げ込み火を放ったそうだ。油断していた国秀らの船は残らず焼け、乗員は焼死、あるいは溺死して全滅したのである。」とあります。

そして、「大永元年（１５２１年）４月、国秀との関係は不明ながら、備中国の兵船が坊津を焼き払うという事件が起こっている。」などともあります。な、なんと5年後に連島の兵団と思われる人々が仇討ち？に行っているのですね。

＊この記事の写真は、「よかとこＢＹ・写真満載九州観光」というホームページから、株式会社システム工房さんの了解を得て転載させていただきました。ありがとうございました。

6節　戦国山城・黒山城探訪記
児島の西北端にあった山城です

黒山全景

「黒山城」は、遠い戦国時代、備中児島の西北端の黒山にあった山城です。今の地名では「倉敷市浦田」と「倉敷市福田町浦田」の境をなす「黒山」の山頂にあります。

この「水島の歴史見て歩き」では、地域の多くがかって海だったことから、戦国山城は少なく、この黒山城と、連島の3～4基の小さな山城跡とが対象になるようです。

で、今回は年末の一日を割いて、現地を探訪することにしました。はたして現地に行けるんでしょうか？　前回に探求した時にはどうもお隣の小丘に登ってしまい、目的が果たせませんでした。こんどこそ……という訳です。

1、あら、「城山子安大師」だとか?

県道藤戸連島線の五軒屋交差点の少し北から山に取りつきました。「ここでいいのだろうか?・?・」不安です。少し入ったところに民家と、何か神社かお寺のようなものが見えました。傍らに四国88カ所のものらしい石仏もあります。近寄ってのぞいてみますと、提灯が吊ってあり「城山子安大師」とあります。

「あ、そうか、やはりここは城山なんだ。よかった。」と勇気を奮って前進します。

後で詳しい地図を見ますと、ここは『高野山大師教会』とありました。高野山真言宗布教の総本部の出先なのでしょうね。

上には多くの墓地がならんでいます。さらに道は奥へ。そこには……。

2、道なき道をかき分けて……

写真のような竹林に入っていく山道でした。何とか竹林を抜けたのですが、もう道かどうかわかりません。下は落ち葉でびっしり。「ま、上に行けばなんとかなるのかな？」とバサバサと落ち葉をかき分けながら上へ上へ。

滑るのを警戒しながら上がる行く手に見えたのは。一つの高まりでした。

「あ、あれかな？」気は急げど、足はゆっくりと踏みしめながら……。急坂は年寄りにはきついです。

3、頂上は土塁で丸く囲まれていました

どうも山城の土塁のようす。上がると、その向こうにまた高い土塁が。2段か3段か、曲輪曲輪を囲むように続いています。

頂上近辺

一番上には、少し低い窪地を囲むように、まーるく土塁が延びていました。「あ、ここに中心的な建物でもあったのだろうか？」そこにはいかにもここが中心。とでもいうように大きな石が残っていました。

ここが『戦国山城黒山城』なのです。「つわものどものゆめのあと」に違いありませんね。

おや、かたわらに「三角点」が。土塁の一番高い所が「黒山」の頂上になっているようです。


ではここで、「連島町史」から「内田武太郎氏の先祖書」を引用します。(句読点、改行、送り仮名等杉原付加あり)

先祖書

一、私先祖内田丑之助と申す者、代々御当国の国侍に而。児島郡黒山に新城を築き毛利家に属し在城仕り候処、宇喜多家と遺恨之事有の趣にて、三村家に属し、毛利の持ち城連島北面に城攻めの節、討ち死に仕り候。に付き黒山城も没落仕り、其の子三郎兵衛、同郡浦田に土着仕り候。

なるほどなるほど……。文脈からすれば「永禄（1558—1569）」の終わりごろから「天正（1573—1591）」の初期のことらしいですから、今から450年ほど前の事になりますすね。まさに「つわものどものゆめのあと」です。

別の資料（インターネットの「ごさんべえのページ」）では、

「伊豆三島出身で、塩津三河守が毛利氏に仕えて、浦田村に茶臼山城、黒山城を構えました。天正三年（1575）に、子の三河守義古が北向城で戦死、其の子牛之助が浦田村奥池に帰農して内田姓を名乗りました」

ともあります。

また「福田町史」にはその後のことが書かれています。

「内田丑之助が攻めた連島の北面城は毛利氏の持ち城であって、塩津石見守が城代として居ったようですが、黒山城の内田が討死したので、しぜん黒山城もこの北面城の城代であった塩津石見守の手に入ったものでしょう。児島郡誌にも黒山城塩津左衛門とあります（略）。また天正10年に大江に変があり（略）13年に黒山城主塩津石見守がこれをしずめたという伝説が連島に伝わっていることからも、黒山城主が石見守であったことは間違いないでしょう。」

4、四国88カ所石仏や観音石仏が

ということで帰路に就いたのですが、山上の土塁や、帰路とおぼしき山道に石仏が点々と残っていました。どうやら四国88カ所石仏や観音石仏のようなのですが、古いもので良くは判りません。かってはここも石仏めぐりの順路になっていたのでしょうね？

ま、帰りは途中で道が無くなって迷ったことを付記して、今回のレポートは終わりです。

第二章　新田開発の時代

1節　福田地区最古の新田　小十郎新田のこと

朝の散歩をしていると、いろんなものに出会います。今日は福田町浦田地区の最北端？ピーポー（水島臨海鉄道）の浦田駅の東側、山際でのことです。浦田公園というのに行き当たりました。「五軒屋集会所」なんて建物も見えます。

1、福田町域最古の新田発見！！！

奥に金毘羅灯籠や五角柱地神様などが見えましたので足を踏み入れました。近くまで行くと、『小十郎新田

浦田公園

碑』という石碑が建っていました。初めて聞く名前です。小十郎新田？？

「大正15年十月　支族第五世　大塚精一　七十七齢記念建立」と読めます。裏に詳しい記述があるようなのですが、よくは読めません。う〜〜ん。

小十郎新田？と思って、福田町史に当たってみました。すると、11ページの「福田町開拓一覧」という表にそれはありました。『小十郎新田　寛永元年（一六二四）　開拓者　福田村　大塚小十郎　面積不詳』とあります。

1624年といいますと、江戸時代初期、徳川将軍が秀忠から家光に変わった年です。まだ全国での新田開発が始まったばかり、連島の北側でも盛んに新田開発が行われていた頃です。また倉敷新田が開発されたころでもあります。その時に、もうここ児島の南側で新田開発が行われていたようなのです。

小十郎新田碑

まさに福田地区最古の新田発見ではありませんか？

２、我が家は庄屋家だったようなんですよ。

そのまま少し歩き、県道の下、トンネルを抜けていきますと、目の前に表札が『大塚』という、いかにも旧家という雰囲気のお宅があるではありませんか。もしかしたら？？？　とお訪ねしてみました。

「こんにちは。郷土史を研究しているものですが、あの石碑を見て伺いました……」すると、優しそうな老婦人（大塚由子さん）が出てこられて「私はあまり詳しくは存じませんが……」といいながらいろいろと聞かせてくださいました。

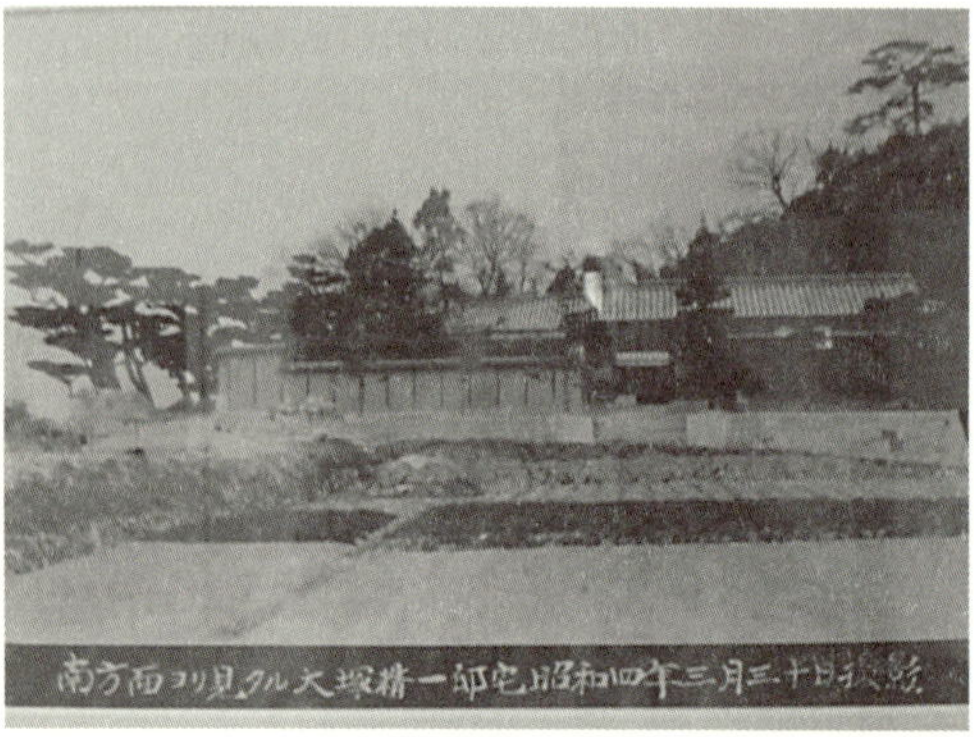

大塚家の古い写真

「あの大塚精一というのは我が家の祖先です。新田開発をした小十郎という人の直系ではありませんが、かってはこの地で庄屋家などを務めたようです。私は主人と結婚して、ずっと東京にいて、教員などをして来ました。定年後にこちらへ帰ってきて、古い庄屋家の家を建て直して住んでいます。この屋敷も、前の道路で敷地の半分近くを取られてしまったようなんですよ。」

玄関には、以前の庄屋家という古い屋敷の写真が飾られていました。土塀をめぐらしたすごい邸宅です。何本もの松の木が茂り、いかにも福田村の庄屋という構えです。

「小十郎新田」とは、児島郡福田村の大塚家という庄屋家が、屋敷の前の海を、少しずつ干拓して田んぼにしていったものだったようです。

3、「ごさんべえ」さんのホームページとの再会でした

「近くにはいろいろと歴史を研究されている方がおられまして、こんな資料もいただいた

んですよ。」とその方は見せていただきました。

見ると「児島郡浦田村　大塚家」と書いた家系図や写真です。おや、何だかみたような？？

そのはずでした。私が杉原家の諸々を調べまわっていた、およそ20年近く前、同じ家系を研究されている「ごさんべえ」さんとお知り合いになり、親しく情報交換をさせていただいた時代がありました。その「ごさんべえ」さんのホームページの該当部分のプリントアウトだったのです。そういえば「ごさんべえ」さんはこの近くにお住まいだったような……。

大塚家家紋

その資料には「大塚家の先祖は八軒屋（倉敷市）から新田を開いて移住してきています。」とあります。

近くの大塚家のお墓を見せていただきました。なるほど、この家の先祖という「大塚唯七」という名前などが見えます。それより私の興味を引いたのは大塚家の家紋でした。扇の地紙になんだか植物らしきものが書いてありますが、なんというんでしょうね？

後で調べてみました。「地紙《じがみ》に中陰蔦《ちゅうかげつた》」というもののようです。

福田地区の干拓は、江戸時代以来、この小十郎新出を皮切りに、その周辺の黒山江ノ口新田、そして元古新田、古新田、福田新田と営々と続けられ、最後に東高梁川廃川地が倉敷市水島○○町となって、今の広大な土地を生み出したのです。すごいですね。

2節　福田町古新田のこと

先日訪ねた千人塚の「福田新田」。その東側に県道２７４号線をはさんで「福田町古新田」という地域があります。これが旧福田新田です。

弘化2年（１８４５）に開発され嘉永年間（１８４８〜１８５３）に造成された福田新田より約１２５年前、享保2年（１７１７）から9年（１７２４）にかけて、備前岡山藩の手で開発されたといわれます。

もちろんこの地域の干拓と言いますと、浅い海の沖に堤防を築いて陸化し、上流から真水を流して田んぼに変えて行ったのです。

今の県道２７４号（福田老松）線と、古城池高校の前

古新田用水

の道路に挟まれた地域がそれで、北端に濱田神社が祀られ、中央近くに古城池高校、そして南端に福田運動公園があります。現在2、400戸ほどの世帯数があり、古城池線以南には田んぼも残っていますが、ほとんどが家並に埋まって市街化しています。

福田新田ほどではありませんが、広大な地域で、それが「古新田」という一つの地名になっています。

1、濱田神社のこと

北端にある「濱田神社」を訪ねてみました。延享5（1748）年当時の福田村濱田宮を遷宮したとあります。

（岡山県神社庁のHPより）

古い格式のある神社で、本殿も立派です。末社に秋葉神社などが祀られていました。また「古新田250年記念碑」などもありました。

濱田神社

この神社は、秋のお祭りが盛んで、古新田の町内ごとに「千歳楽」が出て町内を練り歩くんだそうです。

2、古新田用水のこと

濱田神社の横から、古城池高校の方に向かって、用水らしきものや主要な道路が扇状に広がっています。干拓地に多い「用水」に違いないと、散歩の途中で出会ったお年寄りに聞いてみました。「そうです。古新田用水と言います。酒津から水が来ています。」「えっと、番水、水番ってありますか?」の問いに「もちろんあるよ。」のお答え。あーやはり私が生まれた帯江や豊洲の干拓地帯と同じなんだと思いました。

古新田用水

もう少しして夏になると、この川は1週間に一度、水で満水になって、周囲の田んぼに水が入るのでしょう。

ここにも「道の横には川がある……」という地域がありました。最近になって、「岡山県は全国一用水への転落事故が多い……」と世間が騒いだのを思い出しました。

3、『○ノ割』のこと

「一ノ割」「2・3ノ割」という名前の町内会の掲示板がありました。あっ、倉敷市亀山地区と同じように、ここも干拓後の地名に「○ノ割」という地区割りを採用したようです。ここでも親近感がわいてきました。亀山は1~16ノ割までありましたが、ここ古新田は何ノ割まであるのでしょうね??

倉敷市亀山地区は1652年開発ですが、ここ古新田は1717年開発開始と言いますから、その間に65年の違いがあり、備中と備前の違いもありますが、○ノ割や用水のことなど、よく似た地域だと感じます。ただ、高度成長にともなう水島地域の発展で、ここ福田町古新田は住宅化がすごく早く進んでいるのだと感じました。

4、おや、金比羅灯籠も

古新田用水を濱田神社の横から南下していきますと、ちょうど用水が2つに分かれているところに出ます。ここで立派な自然石の金比羅灯籠に出会いました。すごいです。やはり江戸期の干拓地だけあります。地域の人々はこれに火を灯して、南へ向かって金比羅大権現を拝んでいたに違いありません。かたわらには自然石の地神と、保食神が祀られていました。干拓地とはいえ、当時はお米の出来が地域の最大の関心事だったのに違いありません。

自然石の金比羅灯籠

5、佐藤九郎兵衛のこと

ここに渡辺義明さんの「近世干拓の歩み」という本があります。郷土史では大先輩の方です。それによりますと、福田古新田の開発に当たっては、当時福田、広江、呼松などの漁村をまとめていた大庄屋の佐藤九郎兵衛という人の尽力があったといいます。

当時沖合一帯が浅海だったので、九郎兵衛は村人たちと新田開発を始めました。ところが上流の住民から「排水が悪くなり、洪水が起こる」と苦情が出て江戸での裁判に発展。九郎兵衛たちは敗れてしまいます。

しかし九郎兵衛はあきらめず、6年にわたり幕府に追訴を求め続けます。そしてついに大岡越前も参加した評定（裁判）で埋め立てが認められます。こうして新田は1724年に完成したといわれます。

倉敷市西田地区の干拓でも、用水がなく、当時の大庄屋が、岡山藩家老に篭訴までして実現したというエピソードがあります。江戸時代の干拓には、工事自体も大変だったでしょうが、こうした困難も多かったようですね。

古新田の東側には、種松山との間に「福田町福田」という地域が広がっています。ここ福田町古新田開発の基地となったさらに古い地域です。境になる道を歩いただけでも、「山の端」とかそれらしい地名が見られますね。おや、「元古新田」という地域もあるようです。今の古新田が開発される前に「福田村」の先を開発した「新田」があったのですね。ますます興味がわいた「水島地域」の取材でした。

古城池高校

3節　福田古新田開発の立役者
佐藤九郎兵衛の子孫です！

「もしもし、お聞きしますがそちら様は、古新田を開発した「佐藤九郎兵衛」さんのご子孫にあたられる方でしょうか？？」

「そ、そうですが……」

何軒目かのお電話で、とうとう行き当たりました。ばんざーーい！！　ということで、福田町古新田にお住いの「佐藤毅」さんにお会いすることができました。

佐藤家母家

佐藤家正面

1、大岡越前守の裁定で

そうなんです。倉敷市福田町古新田といいますと、江戸時代初期に当時の児島郡林の庄屋「佐藤九郎兵衛」さんが新田開発（干拓）を計画しましたが、上流の村々の「洪水がおこる」との大反対にあい、とうとう江戸の幕府へ訴えることになります。

何度かの敗訴にもめげず、九郎兵衛さんは数年にわたって上京して願いあげ、とうとう大岡越前守の代になって、ようやく許可を得て開発したというものです。これは以前の「古新田のこと」でも触れています。

探し求めていたその九郎兵衛さんのご子孫が、とうとう見つかったのです。感激です。

「親父は興味をもって、いくらか資料を集めたりしていたようでした。でもまだ遺品整理もできていない段階で、資料などどこにあるか……」

「干拓の後、林からこちらへ出てきて、庄屋を務めたということです。」佐藤毅さんのお話が続きます。

「(倉敷市帯高の)片山家とは親戚になり、法事などでの行き来もあるんですよ。何だか屋敷の配置なんかも似ているそうです……」

で、そのお屋敷を見せていただきました。

2、巨大な蘇鉄の木がある庭

大きな門構えの立派なお屋敷です。入ると左側に庭がありました。

庭の中央にびっくりするほどの大きな蘇鉄の木が座っています。手前に銅製の鶴が2羽飾ってありました。い

佐藤家の庭

かにも文化の香りがする庭構えではありませんか。

あ、岡山県南に特徴の自然石の「金毘羅灯籠」も配置されています。

3、「山田方谷」の額も

母屋の中はまた圧巻でした。中国画の大きな襖絵のほか、ボタンを配した衝立、あっ、これは山田方谷の額もあるではありませんか。

良い目の保養をさせていただきました。

4、奥様は県北湯原の出とか

先代の奥様啓子さんがお元気で、いろいろと説明をいただきました。「私は湯原の進家の出なんですよ。当時は何事も家と家の婚姻でしてね。私の場合もご紹介する方がおられまして。」なんともお上品な方ですね。

ところで、県北の「進氏」と言いますと、戦国時代鳥取の日野郡の有力氏族で、尼子氏の武将として活躍した記録が残っています。

戦後まもなくまでは、元庄屋家など多くが、それぞれの家の間で縁組を進めていたといいますが、さきの片山家とのことに続いて、ここでもそのお話をお聞きしました。

5、お墓は、古新田共同墓地に

最後にお墓にご案内いただきました。古新田の二福小学校から少し南へ下がったところに、巨大な集合墓があります。すごい数のお墓に私などいつも驚かされていたものです。

これが「古新田共同墓地」でした。

佐藤九郎兵衛供養塔

その北の端のあたりに、古新田の功労者「佐藤家」のお墓はありました。古いお墓が並んでいます。そのちょうど中央あたりにあったのが「佐藤九郎兵衛」さんの供養塔でした。

苦労に苦労を重ねて完成させた古新田開発。今や家並が連なり、ほとんどが住宅地になっている様子を見て、地下の九郎兵衛さん、どんな感想を漏らしているのでしょうね。

4節　観音堂交差点のこと

倉敷市水島地域の道路は、どうやら北の江長（児島と連島の境）から南へ、県道188、同274、同275号線などが、放射状に延びていて、それと交わるように、古城池線と国道430号線が東西に走っているというのが大づかみな表現でしょうか。

そのほぼ中心的な位置に「観音堂交差点」というのがあります。水島地域の、特に連島や福田地域には、「やっとこ」「どんどん」「一文字」などという「これ何？？」というような、変わった名前の地名や交差点があるので知られてもいるのです。

交差点の表示

この県道274号線と古城池線の交差点である、「観音堂交差点」というのも、私が「どこに観音堂ってあるんだろう?」と不思議に思ったところでした。

あら、バスの停留所も「観音堂」になっていますね。

1、南へ200mくらいの所にありました

で、探してみました。交差点を起点に、いくつかの方向に歩き回ってみたのです。

あ、ありました。南へ約200mくらいの所、右側にそれらしい古い建物が?

福田町古新田4の割と北畝5丁目の境目あたりです。

どうやら、横の「福田町古新田」の開発のおりの犠牲者の霊を慰める

観音堂

「熊野十二社権現」の石碑

ために、宝暦11年4月（1761）当時建立されたものとあります。

2、熊野十二社権現のご神体が？　福田町史の記述から

ここに「福田町史」があります。1953（昭和28）年に福田町が倉敷市に合併した折に編纂されたものです。その中には「観音堂の木像」と題して、次のような記述があります。

この観音堂は、もと地蔵堂として、宝暦11年4月（1761）に建立されたものです。これは沖新田（古新田）の開拓による犠牲者の霊を慰めるために建立されたものです。（略）嘉永6年3月（1850）に大改修が行われました。そこで新に観音の坐像を天城の某家からもらいうけて、この観音の坐像を本尊とし、地蔵堂を観音堂としたのです。（あと、要約。文責杉原）

ところがこの観音堂に、虫の食った古い木像が見つかったというのです。永山卯三郎氏（昭和時代、倉敷市黒石の郷土史家）が鑑定して「（倉敷市）林の熊野十二社権現のご

神体で、元は十二体あったが、焼け残りの一体に違いない。首と胴とが、カヤの一本づくりのもので、もしご神体であればおそらく1、250年も昔のものではないかと思う。」と言われています。

（以下、それがこの観音堂（当時は地蔵堂）に収められたであろう経緯についても、想像した文が続いていますが、以下略）

倉敷市林には熊野神社と五流尊滝院があります。ここはかって、あの役行者が伊豆に流されたおり、紀州熊野神社の神官たちが圧迫を逃れて瀬戸内海を漂流し、児島に流れ着いたという歴史と伝説のあるところです。

そうしますと、ここにある木像は、かって紀州熊野神社にあったご神体ということになるのでしょうか？

倉敷市水島地域、ここの歴史は侮れないですね？？　ちょっとした交差点の地名からも地域の歴史がたどれてしまうのです。「水島の歴史探訪」というこのHP、まだまだ続けなくっちゃと、開始1周年を過ぎて思っています。

5節　千人塚のこと

こうして車で走っていますと水島地区というのは、道が広くて走りやすいなと感じます。比較的新しい地域で、都市計画が整っているんだなーと。

実際は、以前に東高梁川が流れていた江長を起点に、道路が海に向かって南へ放射状に走っていて、碁盤の目のようにはなっていないのですが、それでもいったんわかると分かり易い地域です。

中央部が水島、東の半分は福田、そして北の山際が連島と大きくは3地域に分かれているのです。そこで……。

とふと思いついたのが、かって広大な福田新田が台風による大洪水に襲われ、多くの人々が犠牲になったという話でした。そこでその犠牲者を祀る「千人塚」を訪ねて見ることにしました。

1、福田公園の南あたりに

場所は地区東部の山にかかったところ。福田公園の南端のコンビニの横に、「千人塚みち400米」という標識がありました。どうやらここから入っていくようです。車で上がっていくと、なるほどすぐでした。小さな公園になっています。

一段上に碑があります。そして詳しい由来が。

「明治17年（1884）8月25日、岡山県南部を直撃した台風は、夜になって吹き返しの風となり、水島灘から打ち寄せる怒涛と高潮により福田新田の干拓堤防が各地で決壊しました。……当時の福田新田五か村（北畝・中畝・東塚・南畝・松江）の被害は、破壊流出した家屋742戸、荒廃した田畑705ha、犠牲者は536人にのぼりました。……」

とあります。すぐ横には当時の地図もあり（ページ末参照）、

明治18年の石碑

新田一帯の様子や、海や川との間の堤防の切れた位置などが、書き込まれていました。何か所も決壊しています。文字通り新田が海と化したということでしょう。そして536人の死者を出すことになったのです。

ここ「千人塚」には、1年後の明治18年にこの供養塚を築いた時の石碑もありました。「岡山県令」とありますから、当時の岡山県知事の追悼文です。一段下に読み下し文が掲示してありましたが、『嗚呼悲し　夫れ是れに埋葬せるは、暴風怒浪の為に……』という名文です。福田新田という広大な地域が干拓されて約40年、おそらくその経営もようやく軌道に乗っていた時だけに、そのショックの大きさも推察できます。

現在の福田地域の家並が続く様子からは想像だに出来ません。私もこの碑を前にしばらく立ち尽くすしかありませんでした。

2、帯江の嘉永洪水とのこと

「あー、すごい。帯江や早島などが襲われた嘉永の洪水と同じだ」思わず叫んでしまいました。

それは嘉永3年（1850）東高梁川が氾濫し、今の倉敷の街から中庄、帯江、茶屋町、豊洲、早島、そして箕島地域にわたる広大な江戸初期の干拓地が、文字通り海と化した大災害でした。洪水の水深は2mに達して、20日以上水が引かなかったそうです。まさにこの福田新田のお隣の地域です。

その洪水の時には、東高梁川は江長のところで、上流からの土石流に埋まってしまっていました。

この福田新田が生まれたのは「弘化2年（1845）」といいますから、嘉永の大洪水の時にはまだ新田干拓からわずか5年、地域整備の時代だったのでしょう。そしてその嘉永大洪水からわずか34年後、ここ福田新田も台風による大災害に見舞われたのです。

えっ、明治17年？？？？　なんだか個人的に記憶があるような……。でもそれは違いました。明治27年の東高梁川の氾濫で、私の故郷帯江地域が被害を受けたとき、我が家は事後の疫病で、両親と3人兄弟のうちの2人が一か月のうちに死亡（今でいう「災害関連死」）しているのです。私の祖父（当時9歳）が一人助かったという悲劇でした。それより

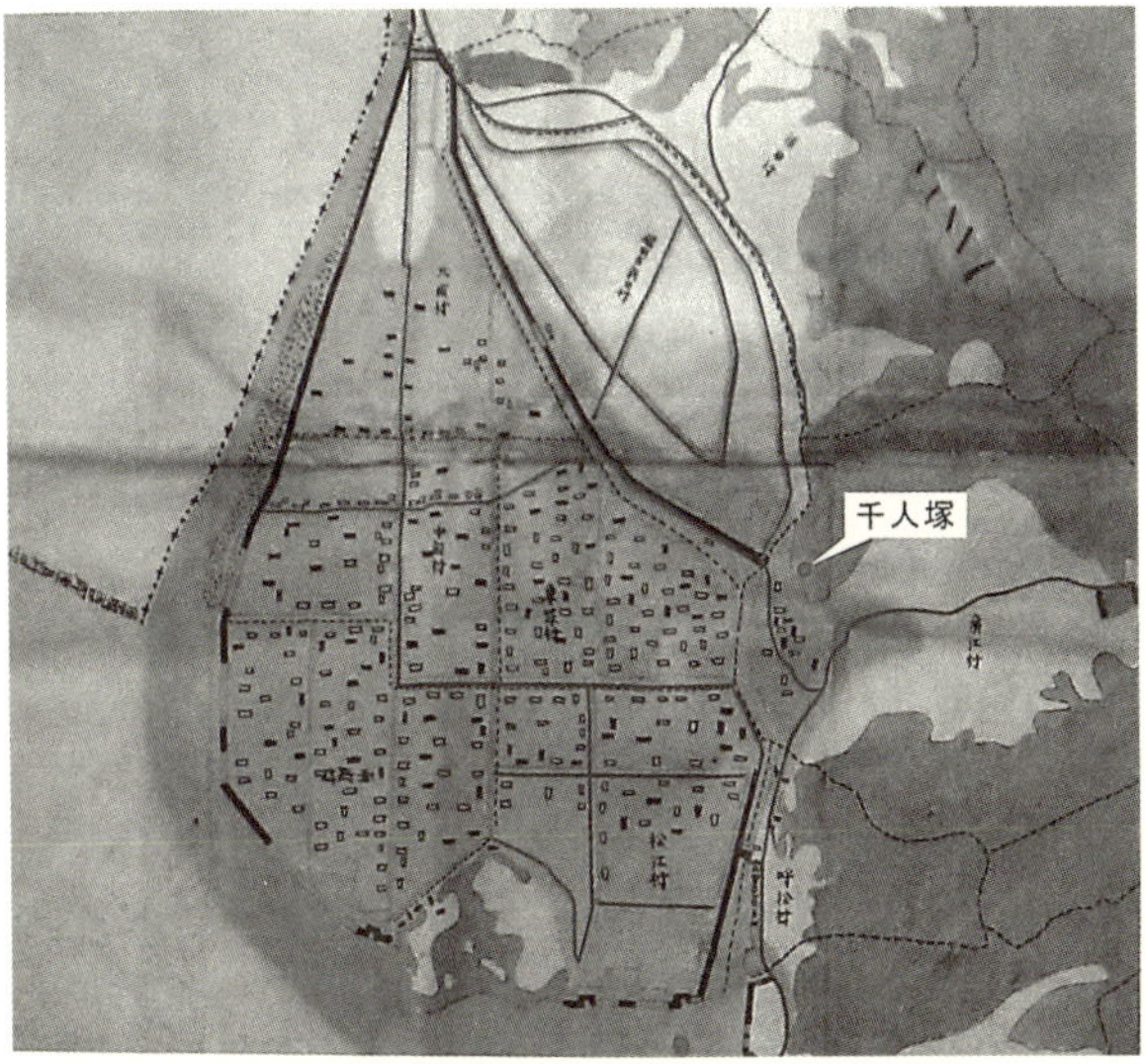

福田新田洪水絵図

わずか10年前のこの福田新田大洪水。とても身近に感じたのはもっとものことでしょう。

このように高梁川は「忘れたころ」ではなく、まだ記憶が新しい頃にたびたびの洪水で、人々を苦しめてきたのです。その一つの象徴のようなここ千人塚のレポートから『水島の歴史探訪』を始めさせていただきました。

（2016・4）

6節　干拓地の水を海へ　板敷水門などのこと

板敷水門という遺跡があるという情報が寄せられました。なんでも倉敷市指定の史跡になっているとか？　で、行ってみました。何でも行ってみようは私の得意技？　ですので。

水島臨海鉄道の浦田駅、その前の道を真っ直ぐに南下します。北畝6丁目交差点をすぎ、国道430号線を中畝7丁目交差点で通り過ぎます。さらに南下しますと、東京製鉄の門前を通り過ぎます。

新しい道のため、国道にも県道にもなっていませんが、水島地域の東部、福田の中央を貫く大動脈です。「五軒屋―王島線」というらしいのですけどね？

板敷水門全景

さらに南下しますと、右にカーブして、水島臨海鉄道港東線という線路の踏切に出会います。その少し手前、右側にその遺跡があったのです。ま、江戸時代の水門ですから、遺跡でなくて史跡というんでしょうね？　あー、ややこしい……。

舗装が切れた草道を進んでいきますと、なんだかそれらしいものがありました。「板敷水門」です。とりあえず、カメラでパチパチ……。新しい説明版がありました。そのままのっけます。

1、旧福田新田の生命線

「板敷水門」、これは江戸時代末期に作られた、福田新田の悪水や余水、要するに、新田内に張り巡らせた用水の水を海に流しだす施設だということです。通常は新田内の水を海に流しますが、海が満潮の時には樋門を閉めて、海水の流入を防ぐという役割を果たすのです。

「嘉永2年夏6月」とあります。1849年にこの水門は作られたのです。福田新田干拓工事のまさに最中です。納得！！

有名なのでは、児島湖淡水湖の締め切り堤防上の樋門が似たような役割をはたしていますね。規模は違いますが、この板敷水門は旧福田新田のまさに生命線だったわけです。

2、古い地図に載っていました

あとで調べてみますと、以前に調査した「千人塚」にある説明版の古地図（71ページ）に、この樋門が載っているのがわかりました。地図では堤防の決壊箇所が書いてあるのですが、その堤防に、少し凹ませた、水門・樋門らしい表示があるのです。

旧福田新田の南端には「王島山」という山（元は島）があるのですが、その左側に1つ、右側に2つの樋門があるようなのです。左側（西側）はこの板敷水門に違いありません。すごい！！

3、こちらの樋門は動いていました　生姫排水機場のこと

あれっ、じゃあ、この王島山の右側の樋門は?.? と思いますよね。板敷水門の説明版には「(旧福田新田)の干拓地を囲む堤防には、3カ所に(略)水門が……」とあります。

そう、福田新田の悪水排出樋門は一つではなかったようなんです。「王島山」の東側にも2つ?.?

現代の地図で調べてみました。そうすると、どうやら1つあるようなんです。名前は「生姫排水機場」とありました。で、行ってみました。呼松から西へ。三菱化学の工場の中を通っていくような道を……。

そしてそれらしき土手にたどり着いたのです。

で、この「生姫排水機場」、新しくなって現在でもちゃんとその役目を果たしていたのです。

明治39年の生姫水門

で、古い樋門は横に保存されていました。

でも、この古い樋門、明治39年製（1906）と書かれています。千人塚の古地図は、明治13年（1880）の災害の模様を描いたものです。そこにある樋門は、そうしますと、もう1代前のものではないでしょうか。大水害のあとで、この樋門は改修されたもののようなのです。

そして、現代の平成19年（2007）にも何回目かの改修がされて現在の姿になったようなんです。

（2016・10）

7節　新田地帯の安全を守って　福田神社と濱田神社

水島地域の福田地区、倉敷市福田町です。そこの神社と言えば「福田神社」と「濱田神社」がまず挙げられます。どちらも福田町の大部分を占める江戸期の新田開発において、新しい土地を守るためにその北端に祀られたという共通性をもつ神社です。

ここではその2つの神社を取り上げてみます。

1、新しく大きな『福田神社』

まずは福田神社です。旧福田新田の安全を守る神として祀られたといわれています。この神社、私がいつも朝の散歩をするときに、ほぼ毎日横を通っているお宮さんです。時

福田神社本殿

福田神社拝殿

にはついでにお参りをして、「勝手な時の？神頼み？」までしてしまう、なじみの深い所です。

そして新しく立派な神社で、宮司さんもおられる大きな神社です。今年のお正月には初もうでの方々で連日長い行列ができていました。

現在の新しい社殿は平成9年（1997）と平成27年（2015）に改修されたものです。

そしてこの平成の大改修の時には、「塩飽大工の作」といわれる本殿の多くが残され、また伊勢神宮遷宮の折の古材の払い下げを受けて使われたようです。

正面の参道にはその時の寄付者の名前がずらり。「金弐百萬円……」などと並んでいます。おや、私の高校の同級生の名前も。

ここには従来氏子とされていた旧福田新田地域のほか、水島地区の方々の名前や大企業の名前も並んでいます。現在では氏子も広範囲に広がっていると思われました。

掲示板に由来が貼ってありました。「岡山県神社庁庁報」の昨年の記事です。

「倉敷市北畝に鎮座する福田神社（柚木直彦宮司）は、福田新田五箇村（北畝、中畝、南畝、松江、東塚）の地が嘉永5年（1852）から開墾されたのにともない、その地区の産土神として勧請され、文久2年（1862）に社殿を造営し、明治4年（1871）に創建された。」とあります。

「福田町史」には古い社殿の様子が載っていました（右写真）。同時に祭神が「天照大神、倉稲魂命（うかのみたま・稲の神）、大国主命」とあります。

ああそれで伊勢神宮の古材を使うことが出来たのですね。

古い社殿の写真

日露戦争従軍者の碑

濱田神社拝殿

2、古新田の神社『濱田神社』

次は『濱田神社』です。福田神社と同じく、氏子の福田町古新田地区の一番北に位置していて、いかにも新田地帯の安全を守る神様のようですね。

福田町史によりますと「祭神は倉稲魂命、少童命、大己貴命」「古新田が開墾せられ、氏神として寛延元年（1748）にまつられるようになったもの」とあります。新田の歴史と同じく、こちらも福田神社より100年あまり古い歴史を持っているようですね。

もっともこちらは「福田村の別の場所の『濱田宮』を移した」と別の資料にあるのです。名前から想像しますと、『浜』（海）を治める神として海岸に祀られていた神社なのでしょう。

社殿の前には、一見ロケットを思わす変わった碑があります。よく見ますと「明治三十七八年戦役従軍者」として、ずらずらと人の名前が並んでいます。数えてみますと33人もの人名が刻まれていました。

明治三十七八年戦役とはあの日露戦争のことです。日本側に8万8千人もの死者を出したあの大戦争。この田舎の新田地帯からも33人もの普通の人が兵士として送られ、残った人たちがこの碑を建てて安全を祈ったのでしょうね。一体何人が生きて帰ることが出来たのでしょうか？

そのほかこの神社には地域の歴史を示すように「古新田二百五十年記念碑」や諸々の末社などが祀られていました。

8節　連島側の新田開発その1　大江前新田のこと

今日は見つけてしまいました。「大江前新田三百年記念碑」です。「倉敷・三田・五軒屋海岸通り線」という広い道の、大江交差点から北側（山側）に入り、旧連島街道を過ぎて、山際の旧道のところにあったのです。何何？「延宝2年……」ですって？　1674年ですよね。すごいです。

大江前新田三百年記念碑

1、　連島側新田開発の最初か？

今の水島地区は江戸時代以来、東は福田地区から、また北は連島地区から、西へ、南へと干拓が続き、倉敷市福田町○○と、また倉敷市連島町○○などとなりました。最後は東高梁川の廃川地が「倉敷市水島〇〇町」となっています。そしてさらにその先に巨大な臨海工業地帯が立地して、現在の姿になったのです。

「水島の歴史探訪」というこのホームページ、これはもう連島側の干拓についても調査しないといけませんね。で、さっそく『近世干拓の歩み（渡辺義明著）』にあたってみました。手書きですが、素晴らしい資料です。

それによりますと、この「大江前新田」の前にも、江長前新田（1649年）、矢柄新田（1664年）があります。以下その資料から一部を転載します。

イ）連島島南部海域の干拓

1、江長前新田	慶安2（1649）年	17町歩
2、矢柄新田（丑新田、辰新田）	寛文4（1664）年	7町歩
3、大江前新田	延宝2（1674）年	18町歩
4、茂浦前新田	延宝3（1675）年	28町歩
5、京新田（亀島新田）	延宝6（1678）年	150町歩

な、何と連島側新田開発は、江戸初期に今の亀島山までの東半分が一気に開発されていたようなのです。これは東の福田古新田（1724）よりもかなり早かったのです。

これは、それまで児島の西に連なる島だった「連島」が、西阿知から南へ伸びてきた新田開発により、嘉永6（1629）年やっと本土と陸続きになった……ということを思えば、そのあとの新田開発がすごく早く進んだといえるのではないでしょうか。

しかし、そのあとの連島西南部海域の干拓（鶴新田など）までにはおよそ100年もの間隔が空いたのです。

いずれにしても、福田側の小十郎新田や今の「元古新田」などが開発されていたころ、今の連島地区でも大きな干拓地が現出していたようなのです。ここ大江前新田もその1つです。「大江前新田三百年記念碑」を建てたこの地の人々の気持ちがわかるような気がします。

大江地区小公園の様子

でもー、この一角、大江地域の聖地？　のようなところですね。前の道は連島の古道のようです。ここにある道しるべでは、戦前には倉敷や児島、そして玉島笠岡などへの交通の結節点だったことを示しています。少し西には荒神様や地蔵様があります。

あ、お隣が有名な薄田泣菫の生家だということも面白いところです。これについてもまたこのＨＰで触れたいと思います。

（２０１６・12）

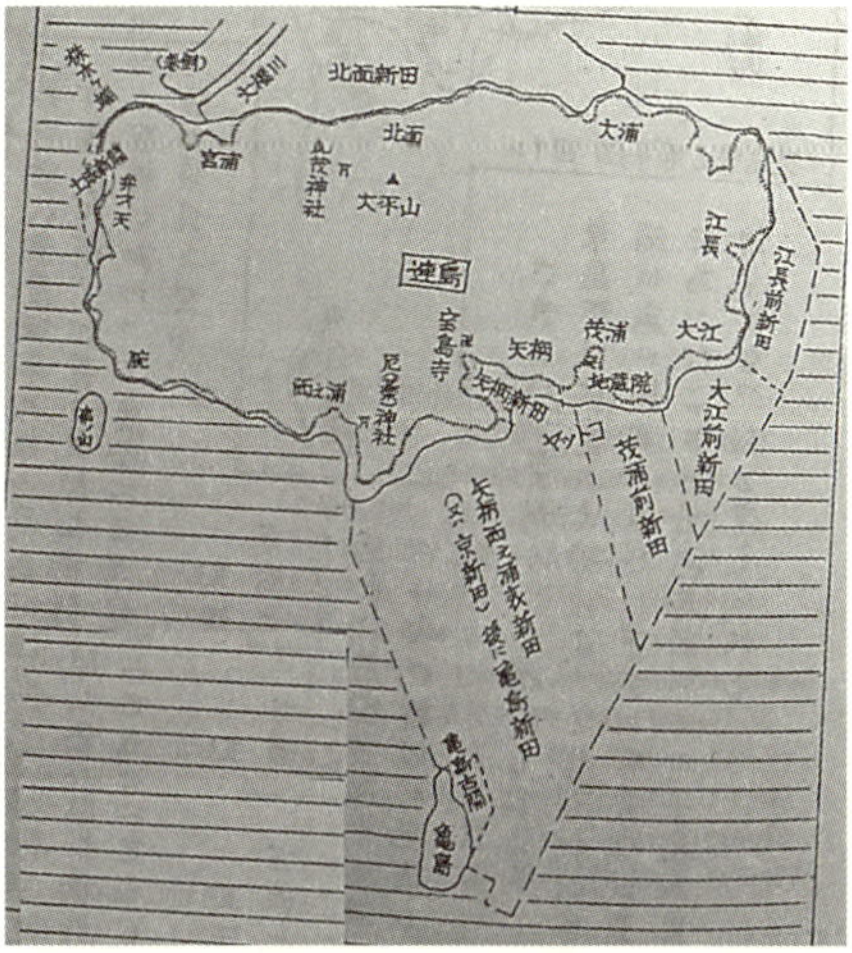

『近世干拓の歩み（渡辺義明著）』から転載

9節　連島側の新田開発その2　亀島新田のこと

ここは「亀島神社」です。

実は前回「大江前新田」のところで触れた「京新田（のちの亀島新田）」についてちょっと知りたいと、地図をめくっていましたら、何と「連島町亀島新田」という地名が残っているのに気が付いたのです。

当時の亀島新田は、今はほとんどが「連島中央○丁目」とか「神田○丁目」「亀島○丁目」という地名に変わっていて、古い亀島新田の様子が全く分からなくなっているようなんです。ところが、その北側、山際のところのほんの狭い範囲に「連島町亀島新田」という地名があるのです。

で、来てみたら、この「亀島神社」に行き当たった……というわけです。

1、亀島新田村が独立したとき

このお宮さん、いかにも新しそうで広い敷地に建っています。立て看板を見ますと、由緒として『元禄年間（1700頃）に亀島新田村が独立したとき、亀島にご鎮座の本宮を勧請した』とあります。

本宮といいますと、亀の形をした亀島の北の端、亀の尻尾ともいえる部分にある「亀島大明神（上写真）」のことでしょう。亀島新田の西の堤防の南の端にあたるこの「亀島大明神」を勧請して、堤防の北の端近くにこの「亀島神社」を祀ったに違いありません。

そして、この堤防はそれから100年近くのち、西の浦新田や、鶴新田ができるまで、亀島新田を守ったのです。

昔は干拓堤防の両端に、お宮などを勧請して、水の守り神にするなど、よくあったことです。

2、亀島新田開発の経過

あ、そんなに単純じゃあないって！！　そうです。ここでまた、「近代干拓の歩み（渡辺義明）」から、亀島新田の経過を振り返ってみましょう。


江長前新田、大江前新田（１６７４）、そして茂浦前新田が連続して完成したころ、矢柄村庄屋が、目の前の小さい地域を干拓して、矢柄新田（１６６４）とし、成羽領主山崎豊治が矢柄西の浦表新田として、この広大な海の干拓を開始したのだが、容易には進まなかった。

で、成羽領主は京の町人「たわら屋五郎兵衛」に請け負わせて工事を進めた。

延宝2年、大風高潮で堤防が決壊、京の商人も開発を放棄、その後も洪水で堤防決壊がありながらも、延宝6年（1678）ついに完成させた。しかし、用水不足に悩まされ、20年後の元禄11（1698）年になってようやく東大川の水を取り入れる工事（竜の口用水＝今の連島用水）が整備された。

名前もその間に、「西の浦表新田」「京新田」「亀島新田」と変遷した。

とまあ、なかなかの難工事だったようです。亀島神社を勧請して祀る理由がわかろうというものです。

3、八丁土手とお万狐

ここは、当時の干拓地西側の堤防跡の道路です。汐入川の東側、倉敷市連島保育園前から南へ続いています。以前は「八丁土手」と言われていたようです。

先に述べたように、この地域の干拓はここで約100年止まるのです。この堤防が100年間海との境を守ることにな

八丁土手

ったのです。

かって、連島出身の相撲甚句が得意な力士「勇駒」が、人家もなく寂しいこの八丁土手の夜道を通っていたところ、美女が現れてその美声に聞きほれた……という話も残っています。あ、これは実は「お万狐」という狐の化身だったそうですけど……

4、亀島水門のこと

元の亀島水門

で、干拓地といいますと、干拓地の水を海に排水するための水門があるはずです（「干拓地の水を海へ・板敷水門などのこと」参照）。
やはりありました。亀島山の北側、亀の尻尾に当たる部分です。今は大きな水門になっていますが、そのお隣に、小さな石の水門が残っていました。すごい！　これが亀島新田を守った水門なのですね。

あれっ、この水門、上に建物があります。これは珍しい……。全国的にも珍しい形式なのではないでしょうか？　観光名所になればいいですけれどもね……。（２０１７・２）

10節　連島側の新田開発その3　鶴新田のこと

「鶴新田」……水島地域の西に広がる広大な新田地帯です。西は高梁川、東は亀島新田、南は昭和の高度成長時代からのＪＦＥ（元川崎製鉄）に囲まれた一帯です。

江戸時代後期にいくつかに分かれて開発され、明治時代からは大レンコン産地として有名になり、川崎製鉄誘致後は「鶴之浦団地」という巨大団地が出来てこれまた有名になった地域です。

1、亀島新田から140年ののちに

この「鶴新田」、東の亀島新田が出来てから（1678）およそ140年も新田開発が止まり、ようやく1818年になって倉敷代官所の所管（幕府直轄工事ということ）で開発

が始まったのでした。

それからも、「米屋開き」「文化開き」「文政開き」「天保開き」「弘化開き」と名前がつけられたように、順番に開発が行われています。それというのも、東側の連島東の浦（亀島新田等、東半分）の新田地帯は、何とか竜の口で東高梁川からの用水を確保できたのですが、西側は連島の西側からの用水の確保が困難だったこともあるようです。

それでは、いくつかの特徴を拾ってみましょう。

2、用水路と排水路にわかれています

これを聞いた時には私も思わず「えっ！！」と絶句してしまいました。岡山県南の新田地帯をいくつか知っている私には、初耳だったのです。「どうして？」と言ってもよくわかりません。とりあえず、現場を見てみることにしました。

排水路（西之浦）

連島の西の端、連島町西之浦あたりを訪ねてみました。あれっ、そういえば高校の同級生が住んでいたんだっけ……。そう、倉敷芸術科学大学への登り口のあたりです。

「これは排水路」その同級生M君は語ります。「昔は汚かったたんだけど、今はこんなにきれいになったんよ。」

「あの国道の向こう側にあるのが用水路で、酒津の池から来ているんだよ。」

3、鶴新田の水門は？

この用水路は酒津配水池の「西部用水」から来ていて、鶴新田の各田んぼを潤し遊水池に流れ込みます。

また排水路は西阿知と連島の間の江戸初期の新田地帯の余水を集めてきています。そして亀島新田との間の汐入川を通じて、遊水池から再び高梁川へと合流しています。

遊　水　池

それなら新田地帯に必須の「海との間の水門」があるはず……。と調べてみました。

現在の鶴新田の特徴のもう一つは、南のＪＦＥ（元川崎製鉄）との間に、巨大な遊水池があることでした。そしてそこと海（高梁川本流）との間にこれまた巨大な水門が設置されていたのです。

江戸期から明治大正までの水門

そして調べてみたら、ここより少し東に「昭和水門」や古水門があったのです。この2つが、この南に臨海工業地帯が立地されるまで、鶴新田の用水管理の役を果たしていたようですね。

4、鶴の浦団地は今？

最後に、あの高度成長時代の水島を支えた「鶴の浦」という巨大団地はどうなっているのでしょう。

　現在は、「社宅」という役目は縮小され、独身寮の建物と、他は広大な空き地にこれまた巨大な「太陽光発電」設備が設置されていました。なんという変わりようなのでしょうか？

　水島のこの早い変化。私たちにはとてもついていけないですね……。（2017・6）

第三章　明治から現代まで

1節　水島の戦争遺跡　亀島山地下工場

もう2年余り前のことになります。そこへ行ったのは。その時には「水島の歴史」を書く事になろうとは夢にも思わなかったので、記録に残さなかったのですが……。今こうして思い出してみますと、この亀島山地下工場跡というのは、水島の歴史で欠く事のできないものであることに気が付きました。

で、当時の資料を引っ張り出して見ています。

1、　業界のＯＢ会でした

それは私が現役時代に過ごした業界のＯＢ会「民放クラブ岡山支部」の歩く会での出来事でした。ＯＢ会とはいえ、何しろ色々と見て回ることの好きな集団です。その日は「水島、連島地区」を歩き回ろうということで20数人が参加して、水島臨海鉄道の水島駅を起点に歩き始めたのでした。

最初に来たのがここ、亀島山（右写真、西側から撮影）でした。今でこそ水島の中心ともいえるところですが、かっては海に浮かぶ小島でした。それが江戸時代初期に水島灘の干拓事業で、西、連島側の拠点になり、陸続きにされたのでした。当初はこの島と連島を結ぶ三角形の干拓地が続いたものでした。（大江前新田のこと　参照）

高さ78メートルの亀島山、今でもこの山の上からは、周囲に水島地区が一望に見渡せます。（下の写真参照）

しかしこの亀島山、現代の水島の歴史でも大きな役割を果たし、「戦争遺跡」としてその名残をとどめているのです。

亀島山全景

2、飛行機工場の疎開地下工場

先の太平洋戦争末期、航空機が戦局を決定してきたため、当時の軍部はここ水島に三菱重工業の航空機製作所を誘致し、航空機の製造に取り組みました。昭和16年（１９４１）高梁川廃川地への軍事工場誘致が決まると、工場や工員住宅、福祉施設など建設のため、当時この地で農業をしていた人たちから、農地を強制的に取り上げて建設が行われました。

そして昭和19年（１９４４）１月以降、当時の海軍の主力爆撃機「一式陸上攻撃機」５１３機、紫電改９機が作られたといいます。

しかし米軍の空襲の標的にされるおそれがあったため、周辺の山の中などに工場機能を疎開させることになったのです。その最大のものがここ「亀島山地下工場」だったのです。

建設したのは主に朝鮮人の労働者でした。なかには朝鮮から徴用されて来た人も含まれていました。警察の日

亀島山地下工場

常的な監視の下で働かされたといいます。削岩機とダイナマイトで岩盤を破砕し、つるはしやノミも使った危険な作業で、前長約2、000メートルのトンネルが、この亀島山の地下に作られたのです（写真の線の部分がトンネル）。戦争末期です。このトンネル掘削は、工場からの一部移転、生産稼働と並行して行われたといいます。

水島航空機製作所は、昭和20年（1945）6月22日の水島大空襲で壊滅したのですが、この地下工場の建設は敗戦まで続けられたのです。

3、「語りつぐ会」の案内で内部へ

私たちは幸いにも、「亀島山地下工場を語りつぐ会」の人たちの案内でこの地下工場跡に入ることができました。私がまず驚かされたのは、この工場跡が文字通りの「地下」ではなく、地表と同じ高さ（レベル）のトンネルだということでした。事前に名前から想像していたのは、空襲から逃れるために「地下深く」なのかなと考えていたからです。

まだ「公開」されていなくて、内部は真っ暗です。懐中電灯の光を頼りに進みますと、その規模の大きさに驚かされます。一部はコンクリートで固められていましたが、多くは素掘りのままのようです。

ところどころ壁に穴があります。天井設置のための支柱をはめる穴だそうでした。

また、機械を据え付けたた跡だと説明されたところもありました。掘り出した岩や土を運び出すトロッコ用の枕木の跡もありました。

こうしたトンネルがこの亀島山の全域に格子状に掘られているのです。驚きました。戦争とはいえ、すごいことをするもんだと思います。

今また、日本全体がきな臭くなってきているようです。こうした戦争遺跡は、ぜひ公開して、私たちが戦争について考える材料にしなくてはと思いました。

亀島山地下工場内部

4、「松工場」発見

最近朝の散歩で新しい発見をしてしまいました。水島臨海鉄道の浦田駅前から北へずっと行ったところ、そう5軒屋から道路が右へカーブします。そこの山裾にその看板がありました。「五軒屋『松』疎開工場の給水塔」とあります。そう戦争末期、軍用機製造工場の疎開工場は、亀島山地下工場のほかに三カ所あったということは聞いていたのですが、その一つがここへあったようなのです。

戦争末期、軍事基地として重要な役割を果たさされた水島。いつも散歩しているこんなところにも「戦争遺跡」が残っていたのです。

（2017・1）

――「五軒屋『松』疎開工場の給水塔」の看板――

見難いので以下読み下し文（要旨）を載せます。

五軒屋「松」疎開工場の給水塔

昭和20年4月12日、B29一機による空襲で機械工場が被曝すると、重要機械の疎開が以前にも増して本格化しました。亀島山の地下を網の目のように掘った疎開工場「亀」をはじめ、龍ノ口の「鶴」工場、そしてここ浦田の山北の五軒屋「松」工場と、次々分散していきました。終戦後まもなく工場は撤去され、今はわずかに残る石垣と山の中腹にある給水塔に当時の面影が感じられるだけです。

木造で作られた工場は、空襲を避けるように山の北側のすそを切り崩し、簡単で大きな倉庫のような建物が点々と6棟ほど建てられていました。当時は、水島臨海鉄道の五軒屋駅（現在の福井駅と浦田駅の中間あたりにあった）で乗降する工員が工場まで朝夕は列をなし、そして終戦時には、工場の周りにある民家で玉音放送を聴く工員であふれていたとのことです。

このあたりは、高梁川の伏流水が豊富で、この給水塔にポンプで水を汲み上げて工場へ供給していました。その直径は6・1mで深さもかなりあり、人が中に落ちると危険なため現在はアルミ板で蓋をしています。（文面協力：小野肇氏、鴨井清子氏、山田茂雄氏）

注意：今も給水塔まで直接行くことができる道はありません。道らしい道は整備されていないため、落ち葉で滑ったり、土が崩れたりする場合があります。この山は民有地ですので、見学には十分ご配慮ください。

倉敷市

2節　貴重な民具がいっぱいです

倉敷市福田歴史民俗資料館

旧福田新田と古新田の境に、「観音堂」という交差点があります。そこから約1キロくらい南へ行くと、道路の右側（西側）に「倉敷市福田歴史民俗資料館」があります。そう、松竹梅交差点の少し手前になります。

元福田町役場だったところだそうで、福田地域の民俗器具や資料がたくさん展示されていました。

主に昭和時代（30年代まで）のもののようですが、ここではその画像の一部を紹介します。

（2016・10）

水車（みずぐるま）

唐箕（とうみ）

いずめ（ひよこの保育器）・
ねこ（ご飯の保温器）

馬鍬（まんが）

展示のリスト（一部）

唐箕（とうみ）
唐臼（とううす）
水車（みずぐるま）
足踏み式脱穀機
塩かます織機
馬鍬（まんが）
発動機
鍬（くわ）類
畳表織機
縄ない機
土竈（つちかまど）
蓑（みの）
碾臼（ひきうす）
いずめ（ひよこの保育器）・ねこ（ご飯の保温器）

お酒の道具類
計量器（はかり）
糸車
こたつ
籾播き機（もみまきき）
餅つき臼（もちつきうす）
資料類

3節　水島の先人たちの記録　水島東川町の物語

水島の街を歩いていますと、どこの町内にも広い公園があるのに行き合います。これは福田側の旧福田新田、古新田や連島側の旧諸新田も同じです。家々がびっしりと立ち並んでいるのですが、なぜか広々としてゆったりとした生活空間を感じさせるのです。

道路が広いこととともに、水島は本当に住みやすいなーと感じる街でもあります。

水島干拓50周年の石碑

その公園の一つに「東川公園」があります。市街地のほぼ北の端、水島東川町です。

そしてその中に「東川開墾50周年記念碑」という大きな石碑がありました。すごいなー、何だろうと見てみますと、「昭和59年4月建立」とあります。1984年、そう、もう32年も前です。ということは、82年も前の水島の開墾を記念した石碑なのです。そして、裏面に当時の開墾の様子や、初代の入植者たちの名前がずらずらと……。

水島の歴史では、三菱の飛行機工場が来たことや、戦災から始まり、大工業地帯になったことなどが主なものと思っていました。が、どうやら大正時代の東高梁川締め切りのあと、旧河底に入植してがんばっていた人たちがいたんだ。水島の先人の記録がここに……。そう言えば「東川町」って、東大川（東高梁川）のことなんだ。私は全く興奮してしまいました。

「東川町史」ってありました

その後、「みずしま財団」の塩飽さんから「東川町史」という本を紹介されました。「水島の歴史がよくわかるよ」と言われて。

そこには何と、164ページにもわたって、昭和の初期から東高梁川の廃川地に入植した方々の苦闘の歴史が記されているではありませんか。50周年の石碑とともに発行された本です。すごいです。

その「はじめに」というところで、高橋進さんという方が、次のように書かれています。以下抜粋します。（見出しは杉原によります）

一面の葦原を懸命に開墾、しかし……

高梁川の大改修工事により、酒津締切堤防以南は、一面葦の生い茂る廃川敷となりました。昭和3年から県内外の各地より、新天地を求めて、入植したのが我が東川町の一世たちです。

初代入植者たちは夜を日についで開墾に励み、ようやくその苦労も報いられようとした昭和14年、日支事変の勃発、続く太平洋戦争の余波を受けて、三菱航空機製作所の立地による土地の強制買収を受ける憂き目を見たのです。

飛行機工場の土地強制買収で無一文に

国の政策ということで、国債という紙切れ一枚で、土地・家屋を徴収されたあげくの敗戦で東川町民は丸裸の無一文になりました。

この絶望的な状態から立ち上がった東川町民は、荒れ果てた田畑を再び掘り起こして、食糧生産に努めてきました。

2度の土地を手放しながらも奮闘

昭和45年、またしても水島工業地帯の造成により、土地を手放さなくてはならない事態となりました。しかし、踏まれても踏まれても又芽を出す雑草のように、住民は固く手を取り合って逆境を切り拓いて来た結果、今では近所もうらやむ立派な町内になっています。

（略）

僅か20戸にすぎない集落だった東川町が「養鶏組合」「蔬菜出荷組合」「国有地払い下げ組合」とそれぞれの時代に応じて、知恵を集め、お互いに助け合って対処してきた……

以上は「はじめに」の一節ですが、この本には各所に水島開拓の苦労があふれています。これはもう直接当人たちからお話を聞かずにはおられません。

ということで、石碑やこの本の編纂に携わられた方々を探しました。といってももう30年以上前のことです。なかなか連絡先がわかりません。

そのうち、「小松原政夫」という方に電話が通じたのです。幸い水島東川町の方です。さっそくお訪ねしました。

先人の一人にインタビューです

小松原さんは、「私がここへ来たのは、昭和10年ごろでしたかなー。小学校5年生。私は次男でしたから、先にここへ入植した叔父の養子になってやってきたんですわ。」80数歳とは思えない快活な声で話していただきました。

私のＨＰのプリントアウトを持参して見ていただきました。

「八間川は、私も小学校に呼ばれて、説明したり質問に答えたりしましたなー。昔は本当にきれいな川でした。先日もホタルを復活しようと活動した方がおられましたが、どうやら失敗でまた来年でしょうか？」

「この本（東川町史）を作ったのは、昭和49年でしたか、たしか私が町内会長のころでしたね。川崎さんがほとんど書かれたのですが、あの方は父親がソ連に抑留されたんですよ。本の発刊と同時に、公園に記念碑を作ったのですが、最初なんだか市から横やりが行ったりして、苦労したんですわ。」

「入植したが、畑は砂地で何も取れん状態でした。その中にコンクリートで水路を作り、八間川にポンプを据えて水を上げて畑に流したんです。ここらは3～4mも掘ったら水が湧いてきます。そうして畑に水をやっていた人もいましたなー。」

「八間川の向こう側（東側）は家がなく、砂地ばかりで砂漠みたいでした。広くて子供たちのいい遊び場でした。そこらはずーとあいとったんですわ。そこへ（三菱の）職員住宅、工員住宅ができたんです。ここいらは（廃川地）土地が高くて、土をだいぶん掘り下げて、今の瑞穂町などの低いところを埋めたんですな。」

えっ、それって東高梁川が天井川だったってことですか？

「そうそう、今の産業道路が土手でして、その向こう側は低かったんですよ。私の家は土手の上にあったんですが、50mくらい家引きして住んでいたんです。ところがこんどは工場ができる言うんで、また立ち退いてここへ来たんです。」

入植後の二点三転した生活の様子がよくわかります。

「戦時中は馬車部隊ゆうのがありました。馬車を牛にひかせて、『一式陸攻（戦時中の日本海軍の爆撃機）』の翼を運んどったんです。緑色のペンキ塗りたてで日の丸も入って、そ

カモメヤングスターバンド

の重いのを砂利道で運んどりました。私はまだ子供で、そばで『おーい、おやじイー』と声をかけたりしとりました。」

「昭和19年は私が倉工（倉敷工業高校）に入った年です。」

えっ、そうすると私の大先輩ではありませんか。しばらく倉工の話で盛り上がりましたが……。

「終戦の年は2年生でした。倉工で集められて終戦の放送を聞いたんですが、雑音ばかりでようわかりませんでした。家に帰ってようやく終戦を知ったんです。」「倉工にはグライダーが2機あったんです。プライマリーとセコンダリーといいました。戦後英軍がやってきて、燃やしてしまいました。そのとき、あった訓練用の鉄砲なんかも燃やしたんですね。」

「そうそう戦後は青年団で、カモメヤングスターバンドなんかもやりました。端でクラリネットを吹いているのが私です。」

小松原さん、お年（失礼！）に見えない雄弁さが続きました。

（2016・7）

4節　水島の元はここでした・酒津

水島って、元は「東高梁川」の川底が街になったところ……。という話はよく聞いていたのですが？　さて、その「東高梁川」って？

ということで、今日はどうもその水島の元になったらしい？倉敷市酒津の水源池を訪ねました。

倉敷一の桜の名所が

旧倉敷の西北の端、倉敷市と総社市の境にある「福山」山塊が西の高梁川に落ちる位置にあるのが「酒津」です。ここは倉敷一の桜の名所で、古くから春には花見客で賑わったところです。私も子供のころから花見といえば酒津で、もう何

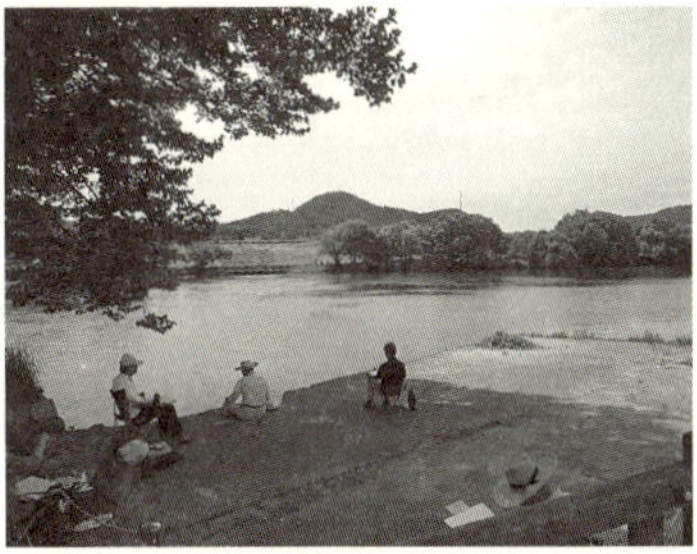

酒津配水池

回きたでしょうか?

また、中学校3年生の夏休み、ここの水源池で水泳教室が開かれ、自転車で通った記憶があります。当時はまだ「神伝流泳法」が盛んな頃で、横泳ぎなどを習いました。最後の卒業遊泳で、高梁川本流を泳いだのですが、私はまだ筋力が弱くひとりだけ流されて、危うくコーチに助けられて井堰にようやくひっぱりあげられたという記憶があります。ま、いろんな意味で私にとっても懐かしいところなのです。

ところが明治のころまでは、高梁川はここから2つに分かれ、西高梁川と東高梁川があったというのです。古くから高梁川は暴れ川といわれ、毎年のように洪水を繰り返してきたとか。ために下流域の農民たちが苦労を重ねたということがあります。

私事ですが、我が家も明治の大洪水のあとの疫病の流行で、一か月の間に私の祖父を除いて一家4人が全滅するという悲劇に襲われています。もうちょっとで私もこの世に生まれていなかったのかも知れませんね。

大正時代を通じた大工事の末に

それが明治の終わりから大正年間を通じた、約14、15年間にわたる大工事の末に、ここ酒津で東高梁川を締め切ってしまい、西高梁川を本流にしたことで、その後は洪水があまり起こらなくなったというのです。

ここへ来てみますと、そのときの記念碑があり、詳しくその模様が記されています。

おそらく現代でいうと瀬戸大橋と同じ規模の大工事が行われたのです。

下流域の用水はすべてここから配されています

ところで、ここ酒津といいますと、水源池のイメージが強いです。その名のとおり、倉敷市内の用水はほとんどがここ、酒津水源池から配られているのです。大正の大工事の折高梁川に井堰《いせき》が設けられ、川水の水位を上げて、横の配水池に水

高梁川本流の笠井堰

を流し込んで、そこから何本もの用水を使って、網の目のように倉敷市内の田んぼなどに水を供給するシステムです。

写真は高梁川本流と工事当時の岡山県知事の名をとった「笠井堰」です。

また、配水池から出る水門の写真と、解説図を下記に載せます。あ、この「南部用水」というのが福田用水として今私の住む福田地域に来ているのですね。

今日は、水島の歴史を始めるにあたって、その元となった「酒津」での90年余り前の大工事に思いをはせ、今の用水の模様を知る一日となりました。

（２０１６・６）

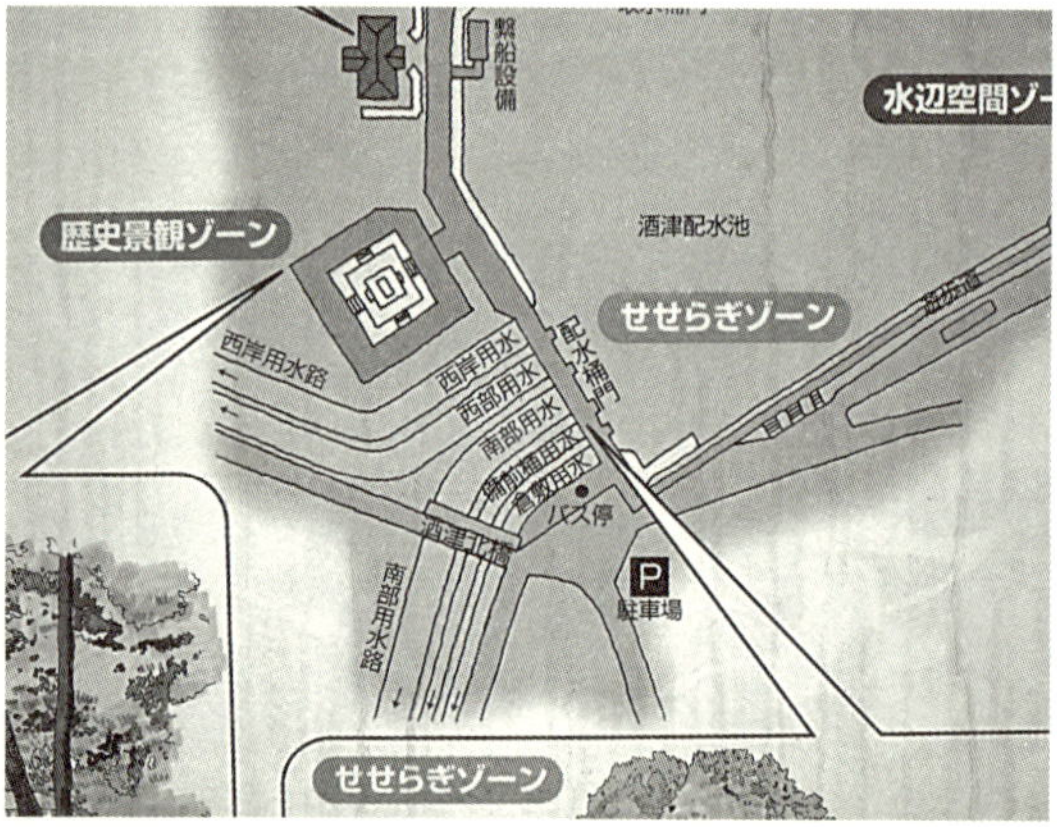

5節　水島のど真ん中、八間川の謎

私が「水島の歴史」を探求しようと思ったとき、まず気になったのが、八間川でした。「な、何なんでしょうね。この奇妙な川は?.?.?.?.」

水島のど真ん中を流れる川が、中央で仕切りがされ、二つの流れになっているのです。見たことがない、き、奇妙な川なのです?.?.?　確かに両側には花が植わり、きれいに整備されているように見えるのですけどね……。

仕切り板のある奇妙な川

1、中流域にはゴボウ畑が拡がっています

「みずしま財団」さんにお聞きしてみました。

「水は酒津水源池から来ていない？？」

ネットで検索してみますと、「みずしま財団（財団法人　水島地域環境再生財団）」というところのＨＰがそれについて詳しく書き込んでおられました。そこで早速お訪ねしてみたのです。あ、私がよくいく「トマト銀行」のすぐ横でしたから、すぐにわかりましたよ。研究員の塩飽さんという方が応対してくださり、面識もない私に丁寧に説明していただきました。そこで。

初めに私が驚いたのは「えっ、八間川の水は、酒津の水源池から来ているのでは無いのですか？？」ということでした。だって、私が育った児島湾の干拓地のほとんどの川は、酒津の水源池からくる水で、農業用水として田んぼを潤していたからです。ここ水島地域でも福田干拓の「三間川」や古新田の「古新田用水」もそうでした。ですから、八間川もそうだとばかり思いこんでいたからです。ところが……

酒津水源池から水が来ているのではなくて、用水でもなく、当然一週間に一度の番水もない「川」だそうなのです。

2、で、では、あの中央の仕切り板は何なのですか？

早速「八間川って、どんな川？」って資料をいただきました。それによりますと、仕切り板で分かれた2つの流れのうちの東側は「工業廃水」で、主に酒津の近くのクラレ倉敷工場の工業廃水を流す目的で出来ているそうです。この工場は、近くの酒津公園に独自の井戸を掘り、そこから出る高梁川の伏流水を工業用水として使い、廃水を八間川に流しているのだそうです。

もう一つ西側の流れは、福田町浦田地域などの農業排水を流すための川となっているとか。こちらのほうは、主に地域の東側の山、種松山塊の南西側、浦益川やため池の水が流れているようです。

もちろんどちらも生活排水が一部流れ込んでいると聞きました。

3、八間川は、「用水」ではなくて、「農業排水路」と「工場廃水路」だったのです。納得!!!

一時のひどい汚れは少なくなりましたが……。

昔はきれいだった八間川、戦後一時はヘドロがたまり、悪臭がする川になっていたそうです。クラレなどの工場の廃水の汚れがひどかったため、川の中央に仕切り壁を作り、分けて流すことになったのですが?

人口も増え、家々からの生活排水もどんどん流れ込み、八間川はますます汚れていきました。

そして、工場で使った水の多くはきれいにしてから流すように決められ、下水道も少しずつ整備され、現在では八間川もだいぶきれいになってきたそうです。

ただ、クラレ倉敷工場からの廃水が減ってきているため、水量が減り、また汚れがひどくなるのではないかという心配もあるそうです。「水島財団」さんではこの八間川を、水島地域の環境をよくするシンボルとして良くする為の様々な取り組みを行っているそうです。「八間川調査隊」などがそれだそうでした。塩飽さんは「親水公園のようになって、市民みんなの憩いの場になるといいのですがね。」と話されていました。

4、今日は上流を訪ねてみました

浦益川が合流する、倉敷市福田町浦田から上流は廃水路のみで、細い一本の水路となり、まっすぐに北上しています。こちらがいわば「八間川」、とばかりにたどってみました。水島臨海鉄道に平行に、住宅街の中を進みます。あ、流れは北からですけどね。

途中で奇妙な機械に出会いました。水路のごみを集めて、引き上げる機械だそうです。浄化の為に苦労していますね。

おっと、ここで八間川は、南部用水から分かれた「連島新田用水」の下を交差しています。

さらにいくと、ドライビングスクールのところで少し蓋がされ、もう少し行ったところで、いよいよクラレ倉敷工場からの土管の出口に出会いました。あ、ここなのですね。で、酒津公園で、取水井戸を探しました。ありました。木々に囲まれた揚水ポンプが2台。ただ「A5」という表示がありましたので、他に4台あるのかと探しましたがどうも周囲には無いようです……。とにかく「八間川」の元がようやく確認できたのです。

（2016・6）

酒津公園にあるクラレの取水井戸

ゴミ引上げ機

6節　ひるがえる八間川調査隊の旗
水島現代史の象徴「みずしま財団」

青い「八間川調査隊」という旗がひるがえっています。ここは水島市街の中心部、八間川で唯一水辺に降りられる「大根洗い場」というところです。30人を超える人々が集まっています。お年寄り？　もいますが、子供さんも多く、あれは学生さんの一団でしょうか。

みんなは手に手に網やバケツを持って、川の中に入っていきました。

八間川調査隊

「みずしま財団」さんの行事でした

これはさきの「水島のど真ん中・八間川の謎」でふれた「みずしま財団」さんの行事「八間川調査隊」で、1999年からもう17年間、今回で59回目にもなるそうです。

見ていますと、子供さんたちが主体で、「水温測定」「水採取」「CODパックテスト」「川の生き物調べ」などが行われています。少し暑い中でしたが、わいわいがやがや……なかなかに楽しそうです。

「CODパックテスト」は川の水を何カ所かで採取して、試薬を混ぜ、その色からCOD（化学的酸素要求量）を測定していました。この日はだいたい10～13の値が出ていたようです。あれっ、少し多いのかな?? CODは水の汚れを示す指標の一つで、数字が多いほど汚れがひどいことになります。この日は前日の雨で少し濁っているのでは？ とは私の感想です。

様々な生き物がいました

様々な生き物が採取されていました。魚ではモツゴ、ヨシノボリ、タイリクマナタナゴ、オオクチバス……魚の知識に疎い私には初めて聞く名前ばかりで、よく見わけも尽きませ

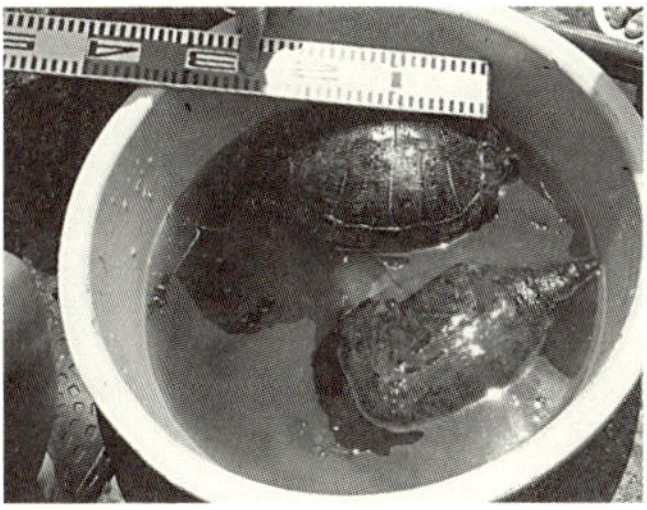

スッポンとアカミミガメ

ん。講師の多賀先生の詳しい説明が続いていました。

「ドンコ」あれっ、私が子供のころ「どんこつ」とか「どんきゅう」とか言っていたあれかな？ ギンブナ、メダカ……やっとおなじみの名前が出てきました。

水生昆虫等では、アメリカザリガニ、ウシガエルのオタマジャクシ、ウマエビ、シジミ類、ヤゴ、カワニナ……ではそのうちホタルも夢じゃあなさそうですね？？

また水草でもセキショウモ、クロモなど数種類が上げられていました。私が上からのぞき込んでいたのでは、せいぜい2～3種類の藻が茂っているとしか見えないのですが、八間川の水生は意外と豊富で多種多様なようでした。

おっと、大きなスッポンと、ミシシッピーアカミミガメ（ミドリガメ）もいました。そういえば先日八間川の土管の上でカメが甲羅干しをしているのを見かけましたね。

あとで東川公民館に移動して倉敷市環境学習センターからの講師さんが「倉敷の水辺環境について」と題して、優しいお話をされていました。

みずしま財団のおこりとは

この行事を主催されている「みずしま財団（財団法人水島地域環境再生財団）」さんはいったいどんな団体なのでしょうね？
水島のおこりは、大正のころに洪水防止のため東高梁川を酒津で締め切って、廃川にしたことです。その廃川地（水島）の真ん中にできた八間川、当初は流れも澄み、水遊びもできるきれいな川でした。
その八間川も戦中戦後とどんどん汚れていき、とうとう中央に仕切り壁を作って流すようにしたのです。（「水島のど真ん中・八間川の謎」参照）
昭和30年代後半から新産業都市といって、水島の沖を埋め立てて、コンビナートができ大きな工場群が立ち並びました。そうすると廃水で海が汚れ、工場排煙で空も汚れていきました。当初は煙突を高くして排煙を薄めようとしたのですが、こんどは山2つも越えた地域の特産である「イ草（藺草）」まで枯れていったのです。

当然ながらこうした汚れは人の体にも影響を与えます。肺や気管支などの病気になる人が増え、亡くなる人まで出たのです。国が「公害病」と認めた人だけでも、4，000人近くになりました。

人々は公害患者の人たちを守るため、水島にある8つの会社を相手に3次、291人に上る裁判を闘いました。

排気ガスは少しずつきれいになり、公害患者と家族は裁判に勝ちました。

そして1996年、公害患者家族と工場をもつ会社は和解しました。会社は患者に償いをするとともに、水島の町を良くするためにお金を払うことになったのです。

それをもとにして、環境にいい水島を作るために生まれたのが「みずしま財団」なのです。（この項、パンフレット「八間川ってどんな川？」（水島財団、八間川調査隊）を参考にしました。）

時代の申し子・みずしま財団

「お金がすべて」と言われる今の社会では、公害問題の解決はなかなかできません。19

70年代ごろ、四日市とともに「公害のモデル」ともいわれた水島に、このような活動が行われている、それも公害企業とある種の協力をしながら。

これは私にとって衝撃でした。北京の例をひくまでもなく、今も公害問題は人類史的な課題です。そうした時代に、こうして公害患者と地域の人々の運動に、企業も協力しながら、人々の環境を守っていく……そのモデルが「みずしま財団」としてここに存在したのです。もちろんいろんな団体や運動があるのは知っていますが、この「みずしま財団」は水島の歴史にエポックメーキングな存在なのではないか？

ということでこの「水島の歴史探訪」の一ページに加えることにしたのです。

7節　鶴新田のレンコン農家取材　鶴新田は今

「鶴新田」と言えば、私の子供の頃から、水島方面の広大な干拓地として有名でした。当時から広大な田んぼでレンコンが大量に作られているとか、水島工業地帯ができたとき、「鶴の浦」という巨大な団地ができたとか、いろんな話を聞いて、イメージが膨らんでいたものです。

広大なレンコン畑

若者がレンコンを掘っていました

今日はＪＡ連島の加計さんにお願いして、その鶴新田のレンコン農家に案内していただきました。作業場らしきところで、何人もの方が作業をされています。収穫した（掘った）レンコンを洗ったりまとめたりして、出荷するための作業のようです。訪問が午後でしたので、田んぼで掘る作業はもう終了したもののようでした。

「こんにちは。お願いします。」で、出てこられたのが若者であるのにまず驚かされました。実は農家というので、年配の方を想像していたものですから？　失礼しました。

「高橋産業株式会社専務　高橋幹雄」という名刺をいただきました。会社組織にして、大きくレンコン栽培に取り組んでおられるようです。

いつ頃からお宅ではレンコンを作っておられるのですか？

「私の祖父の時代からですから、もう70年余りになります。」

今植え付けはどのくらいですか？

「今は８ヘクタールくらいです。少しづつ増やしてきました。」

「連島のレンコンの作付けは全体では約80ヘクタールはあるでしょうね。」

笑顔で語られます。驚きました。

レンコンの栽培は力仕事が多く、大変でしょう？

レンコン農家　高橋さん

「そうですね。上土は機械で除去しますが、連島ではレンコンは実際手掘りしますので、大変です。でも傷をつけたら商品になりませんのでね。」

年で9ヵ月の収穫期です

レンコンの収穫って、いつが主なんですか？

「収穫は、8月中旬から、5月の末までやっています。一年のうちほぼ9ヵ月です。植え付けは3月下旬から4月いっぱいまでですね。」

「レンコンは1つの作型（注1）で10か月収穫できるんです。こういう作物は他にはありません。」

驚きでした。私はレンコンの茎が枯れてから、秋の終わりから、次の植え付けがある春まで、冬の間だけだと思っていたものですから。レンコンってイネと違って、年中作業が続くようなんです。

「休みと言えば、7月くらいです。でもその間農機具の整備とかで仕事はあるのです。でもその間に休んで旅行なども行くようにしています。」

「昔はもっと多かったようですが、最近は住宅地も増えてきましたね。」

希望に燃えた青年という感じの高橋さんは快活に語られます。鶴新田も今は周辺に住宅地が立ち並び、この一角（と言っても広大な地域ですけどね）でレンコンが栽培されているようです。

明治から始まったレンコン栽培・美味しいですよ

「ここは適した土壌と水などで、昔から適した作物としてレンコンが栽培されてきました。」

連島レンコン、歴史的には明治後期から始まったそうです。高梁川が運んできた良質な粘土質の土壌と豊富な水で、今では西日本有数のレンコン産地となっているとか。

レンコンの主成分は澱粉ですが、ビタミンCが豊富なほか、繊維質は何にも増して多いという栄養豊富な食べ物です。

また色白で、シャキシャキした食感が人気を呼び、連島の特産として各地に出荷されています。

私も個人的には、そのまま1センチ弱程度に輪切りにして焼いて食べるという方法を以前に教わり、煮物とともに美味しくいただいています。お酒のお供にも絶品ですよ。

今日は「連島鶴新田は今」という取材になりました。

（2017・4）

注1：何だか難しい意味があるようですが、ここでは「一回の植え付け」と理解しました。

8節　真金吹く吉備の地に　今は巨大な製鉄所が

水島といえば、昔は海だったのですが、それでも「吉備」の沖合、「真金《まがね》吹く吉備」の水島灘だったのです。古代に鉄の生産が盛んで「真金吹く吉備」と呼ばれたこの地。そこに今では巨大製鉄所が立地しているのです。何かの縁かもしれませんね。というわけで訪ねてみました。

ＪＦＥ西日本フェスタｉｎくらしき２０１７

この日はちょうど表記の「ＪＦＥ西日本フェスタｉｎくらしき２０１７」というイベントの真っ最中でした。

ＪＦＥ、元の川崎製鉄が、地域の住民と交流するイベントとして１９７９年「第１回みずしま川鉄まつり」として開始したものだとか。もう38年も続いている、企業主催のこの種のお祭りとしては、ここらで最大のものです。

会場には、家族連れら約9万人（主催者発表）が詰め掛けたとか。秋、抜けるような青空の下、多くの出店や、ステージでは髭男爵、スザンヌ、純烈ＬＩＶＥなど人気芸能人が出演してショーも行われていました。

一方で私は、バスで工場見学会に参加、熱延工場の見学に。製鉄所のシンボルともいえる高炉から出された銑鉄を組板状に固めた物を、真っ赤に熱せられたままで、ローラーで次第に長く薄く引き伸ばして、最後にはロール状に巻き取られた製品に仕上げる、いくつかの工程を一貫して行う巨大工場でした。長い長い工場でしたが、次第に薄くなっていく工程を見るのは壮観でした。

第一高炉火入れから50周年です

１９６１年、川崎製鉄がここ水島の地に製鉄所の設置調印。そして１９６７年、第一高炉に火入れして操業開始してより、今年はちょうど50周年になるそうです。

構内は岡山県内だと、早島町の面積の１・３倍もある広大なところです。

ただ、こうして工場を見せてもらいますと、真っ赤になった巨大な鉄が材料です。危険作業の最たるもののようです。とても人が近寄れるものではなさそうで、怖かったです。

そのためになかなか事故がなくならないようで、工場では「ご安全に」というのを挨拶にして、安全確保に取り組んでいるということでした。

工場進出以来の大先輩にお話を聞きました

川崎製鉄水島創業当時

「私は西宮工場から10人くらいの仲間と転勤して来たのですが、驚きましたね。今の正門の所、『水島製鉄所』という四角い看板だけがあって、あとは何もない所だったんです。砂漠みたいな。ウワッと思いました。こんな所でどうなるんだろうと……」語られるのは川崎製鉄ＯＢの黒川崇利さん（83）です。

実はこの記事を書くにあたって、当時のことを知る方にインタビューをしたくて、色々と探そうとしました。そこでふと思いついたのが、10年前私が社交ダンスを始めたころに大変お世話になった方が、『川崎製鉄ＯＢ会ダンスサークル』を主宰なさっていたのを思い出したのです。今までも時々ダンス練習場などでお目にかかっていたのを……。黒川さんには気楽に応じていただけました。

「そんなところから製鉄所を建設して今に至るわけです。でもいろいろとありましたよ。鉄鋼業界は元官営製鉄が多いところで川鉄は純粋な民間出身でしょう。『野武士』と言われたんです。水島の前、千葉に製鉄所を作るとき、一部の官僚には『そんなことをして、もうぺんぺん草をはやしてやる……』なんて言われて（いじめられたんです）。で、西山社長が頑張ってそれが成功して、水島にも進出してきたんです。今は元の日本鋼管と合併してＪＦＥになり、日本のトップを争うところまできた感じです。」

「20周年のころでしたか。『企業20年説』とかが流行りまして、鉄は基礎的な素材だけど、発想の範囲を広げていかないといけないなんて言われましてね。ま、多角化です。」

いかにも『鉄の男』という風貌をされた黒川さん、お話は続きます。

高炉遠景

「当時にはシリコンプラントなども設置されたし、プラスチックなども扱って、太陽電池なども作るのを目指して『日本の瓦を全部（川鉄の）太陽電池に置き変えるんだ』と言った話がありました。」

「そう言えば立地当初には、今の工場の沖にもう一つ製鉄所を作って、従業員を3～5万人にするんだと言う大きな構想がありました。」

「1983年には、ブラジルのツバロンというところに現地との提携で製鉄所ができましてね。一度見学に行ったんですが、それは凄かったです。現地での従業員交流会では牛一頭を全部使ってパーティーになるんです。」

黒川さん、その後は川崎製鉄水島労働組合の役員もされ、頑張られたようなんです。

「この『川崎製鉄水島労組10年史』という本はわたしが幹事として編集し、当時はお金もあったし、1万2000人の全組合員に配ったものです。」

大きな分厚い立派な本を出されて、説明が続きます。

「水島労組の結成大会が66年2月17日だったんです。その後私は執行委員になり書記長を3期勤めた後、82年9月からは4代目の組合長もさせていただきました。」

「80年代ですが、分社化の話が来まして、それはそれは厳しい交渉でした。でも出向者の賃金労働条件は本社員並みで維持するということが取れたんです。他の大手の鉄鋼労組があとで『出向条件を川鉄並みにせよ』と要求したりしていたようです。川鉄の労使関係はもともと会社は従業員を大切にする、組合も会社を大切にするというところがあったんですね。」

全部はとても書ききれませんが、終始丁寧な説明をいただきました。ありがとうございました。

「真金吹く吉備」の伝統を引き継ぐ「JFEスチール西日本製鉄所」、もちろん地域環境にも配慮しながら、これからも地元水島の発展のために頑張ってほしいものです。

（2017・11）

9節　軍事工場から自動車工場に
水島の現代史、三菱自動車

水島の現代史を語るとき、三菱自動車を抜きには語れません。私なども同級生や知人に三菱自動車関連で働いていたり、今も働いている人が何人もいます。ではまず最初にその歴史を概括することにいたしましょう。

1、軍事工場として誘致され、戦災で廃墟に

太平洋戦争の拡大とともに、軍部特に海軍の要請と、岡山県当局の大企業誘致方針により、水島に軍用機工場誘致が決まり、１９４１年以降あわただしく用地を造成しました。

生産された爆撃機の模型

1943年9月、三菱重工業航空機製作所岡山工場が設立され、このとき現在の水島臨海鉄道も敷設されます。そして軍用機生産が始まりました。建設計画では従業員2万人余りとありますが、実際にはわかっていません。同時に東高梁川の廃川地に社宅群や福利厚生施設なども次々に建設され、今の水島市街地の先駆けとなります。

翌年2月には一号機が完成。一式陸攻504機（左上はその模型）、紫電改7機が生産されたといいます。

1945年6月22日、グアム島から110機のB29が水島に飛来、603トンの爆弾の雨を降らせました。この爆撃で、水島航空機製作所は工場の建物10棟が全壊、18棟が半壊、製造中の航空機数十機が破壊され、主要工場は全壊という被害を受けました。ただこの日は公休日だったので、2万人を超える作業員のうち死者11人、重軽傷者46人と記録されています。しかしその後も敗戦まで米軍艦載機の攻撃があり、周辺の民間人も含めて被害が出ているといいます。

この項の写真は三菱自工PRセンターのもの。

2、PRセンターの見学をさせていただきました

三菱自工水島製作所の戦後の歴史を「水島の歴史」の中で語るにあたって、工場見学をしたいと思ったのですが、岡崎など他の工場と違って平成31年10月いっぱいまで見学できないとのことで、PRセンターの見学を申し込みました。

国道430号線を進んでいきますと、三菱自工の工場が、アニメのキャラクターとともに現れてきます。PRセンターは東門の所にあり、受付でSさんに応対していただきました。さすが大企業の受付を担当されるSさん、美しいご婦人でした。ここで工場紹介ビデオを見せていただきながら、詳しい説明を受けました。内部の展示の写真撮影もできて、私にとっては工場の歴史がよくわかり、この記事を書くことができました。良かったです。

3、オート三輪「みずしま」号からの戦後

では、この三菱自動車水島工場の戦後を概括してみましょう。

オート三輪

戦災で壊滅した三菱重工業は、終戦とともに民需工場としての再生を図り、昭和21年よりオート三輪の生産へと取り組みます。機械、プレス、組み立ての一貫工場が完成、昭和30年にはオート三輪５万台突破となります。

昭和36年には軽４輪「三菱３６０」が発売されます。いよいよ本格的な自動車時代が日本にも到来しつつある時代でした。この「三菱３６０」は昭和38年には累計10万台となり、その後昭和45年創立25周年には、自動車生産１００万台突破、社員６０００人へと発展、溶接ロボットなどの導入も始まっています。ここいらは、私の青春時代ともダブり、同級生の何人かもこの工場で活躍したという往時が偲ばれます。

一方この時代、設立された硬式野球部は都市対抗野球に出場。三菱水島としての福利厚生や地元貢献なども顕著になってきています。

昭和50年代には、５００ｃｃの軽「三菱ミニカ５」、普通車のミラージュ、ランサーなどが生産されるようになります。

平成になると、バブル崩壊の中でも月産１００万台となり、創立50周年には自動車生産累計１５００万台となります。

また２００９年には電気自動車「アイミーブ」を市場に投入、一挙に社会的注目を浴びます。

一方でその後のリコール隠しの問題や、最近の燃費改ざん問題などで社会の批判も受け、再生に取り組んでいるようです。

4、一方でミーハーの私の工場見学は

説明の中で一番注目したのはこの工場が、鋳造からプレス、組み立てと、自動車生産のほぼ全ての工程を担っていることでした。もちろん多くの地元協力工場との協業抜きには語れないのですが、説明では「世界でも稀有な一貫生産工場」ということでした。また車体生産の原

料である鋼板が、すぐ近くのＪＦＥ西日本製鉄所から収められているというのは「納得」でした。

そして最後に１９９６年のラリーで優勝した「三菱ランサー」の前で記念写真に納まり、貴重な見学を終えたのでした。

（２０１８・１）

10節　水島飛行場跡地は？

私が子供のころ、水島の地図を見ますと、決まって飛行場の滑走路の形が目を引いたものです。父などは「昔飛行機工場があって、アメリカに空襲されたんだよ。」と言っていました。で、その跡地がどうなっているのか？　行ってみたくなりました。

1、工場群のなかの斜めの道路、400m弱が

水島臨海鉄道（ピーポー）に沿って南下、三菱自動車水島工場の塀に沿ってさらに進みます。いくつかの工場群を過ぎて、「西日本飼料」という看板が見えてきたあたりで、地図の通り、斜めの道路に行き当たりました。ちょっと見何の変哲もない4車線の道路です。でも、

「あー、ここがあの『水島飛行場の滑走路跡』なんですね。」

でも、でもー、どっちを見回しても工場群や高い煙突が見えるだけです。少しカメラの角度を低くしてみても代り映えはしませんね。今流行りの「インスタ映え」なんて望めそうもありませんね。

「これじゃあ、ホームページにならないなー。」でもせっかくとった写真です。次に載せておきます。


計ってみると、どうやら400m弱が道路として残っているようです。

次に「亀島山地下工場を語りつぐ会」の吉田さんから提供された昭和20年の水島の地図を載せておきます。ここには下部に斜めの滑走路が描かれ、「第一滑走路コンクリート舗装80×（1800〜2000予定）」とあります。格納庫も描かれています。

2、工場群のなかに「魚市場」が?

帰りに三菱自動車の横の所で「水島魚市場」の看板を見付けました。車が止まっています。水島って、工場だらけと思っていたら、漁港の機能も残っていたのですね? でも、大変でしょうね。HPを見ると店舗名『まるすい』として「瀬戸内海から産地直送、新鮮な

滑走路跡

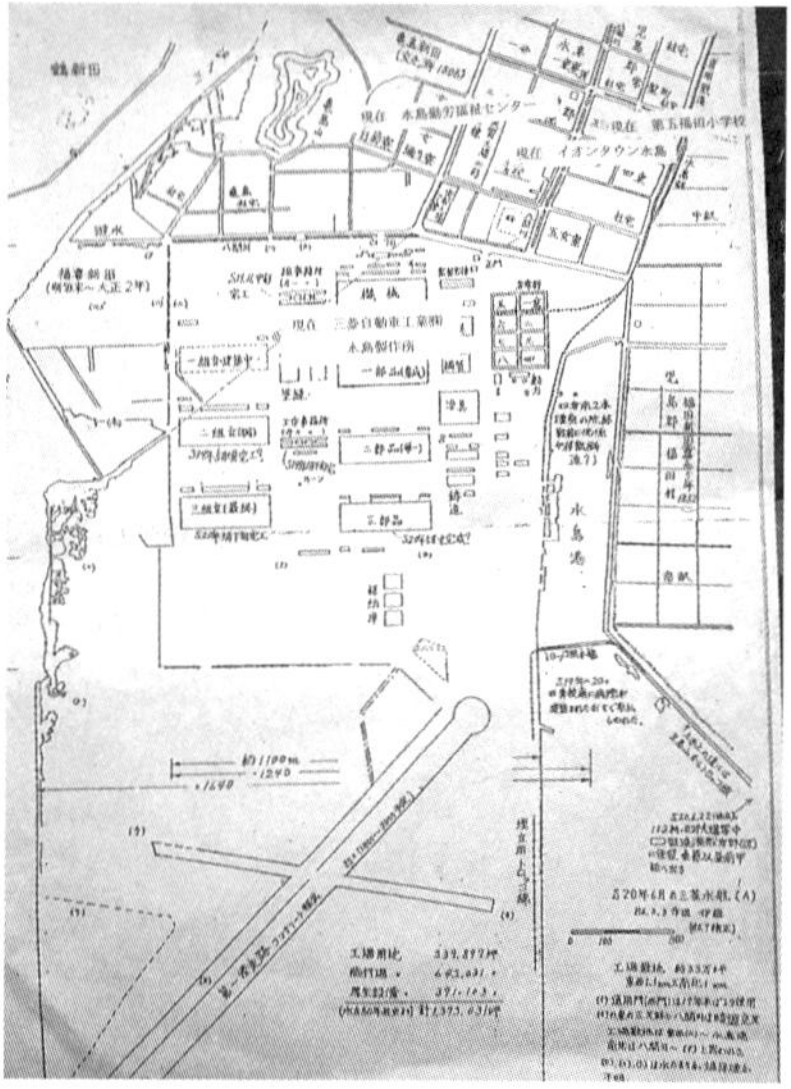

鮮魚を全国へお届けします。」とあるではありませんか。がんばってくださいと言いたくなりますね。

（２０１８・６）

11節　水島の街は戦時期の都市計画で出来た、広い道路、多い公園そして……

私が水島に来て思ったことは、「道路が広いし、公園が多い。なんて住みやすい土地なんだろう。」ということでした。

ところが今回水島の歴史を研究している過程で、この水島の街並はさきの太平洋戦争の戦時期、昭和17年（１９４２）の都市計画によって、そのほとんどが出来上がったという事実が浮かび上がってきたのです。

1、戦争遂行のために計画された水島

図書館で水島関係の本を見ていた時、「水島のなりたちと亀島山地下工場」（編集発行亀島山地下工場を語りつぐ会）という本が目に留まりました。

その中にはもちろん「亀島山地下工場」関連記事もありましたが、今回私の注意をひいたのは「戦時期の「工業都市」建設計画と水島の成り立ち」（上羽修）という一文でした。

なんと、現在の連島、水島、福田といういわゆる『水島地区』全体が、戦争遂行のための飛行機工場とその厚生施設として計画され、作り変えられていたのです。

す、すごいですね。しかし、この文を書いている私にとっては「重い？」取材になりそうです……。どうしよう？？

で、本の末尾、「あとがき」を書いておられるのが吉田弘實さんだというのに気が付いたのです。吉田さんは私の実家の近くで、わりと親しい方。これは彼に聞いちゃえ……というわけで、さっそくお訪ねしたのでした。

2、昭和17年の『連島都市計画』のこと

私より10歳ばかり若い吉田さん、もう40年近く倉敷市役所水島支所にお勤めだそうです。「何をしゃべればいいいんですかね？」と言いながら、快く迎え入れていただきました。

「私が水島に就職した1970年代から、戦争中にこの地域であったことを多くの人に聞き、三菱の社宅や寄宿舎跡、滑走路跡などをいつも目にしてきたんです。また日ごろ目にする水島の街並みが、かっての水島航空機製作所の付属施設の織り成す景観だということにも気が付いたんです。それでこの本です。」「昭和17年（1942）の『連島都市計画』というのが見つかりまして。もちろん三菱重工水島航空機製作所が出てくるのを前提とした都市計画ですが。それには現在の水島の広い道路網がほとんど出ています。八間川や産業道路、古城池線や緑地帯がある環状道路など皆そうです。細い街路もほとんどが当時のまま今に受け継がれています。街路は6m以上。それと面積の3％以上を公園にするという基準もあって、今の公園はほとんどその時にできているようです。」

というわけで、下の地図を見せていただきました。1942年3月に決定された「連島都市計画街路」だそうです。36m以上の広い道路10本を含め50本の街路が計画され、当時の国鉄と工場とを結ぶ専用鉄道（水島臨海鉄道）も敷設されています。

3、水島の街並みの原型は三菱重工の社宅

なるほど、そういうわけですか。この地図では町並みが書かれていますが、これは三菱社宅ですか？　またこの本では、当時の三菱社宅跡がまだ残っていると……

「そうですそうです。寿町には幹部社宅があって、庭付き一戸建てだったそうです。そのほか弥生町、常盤町、栄町には

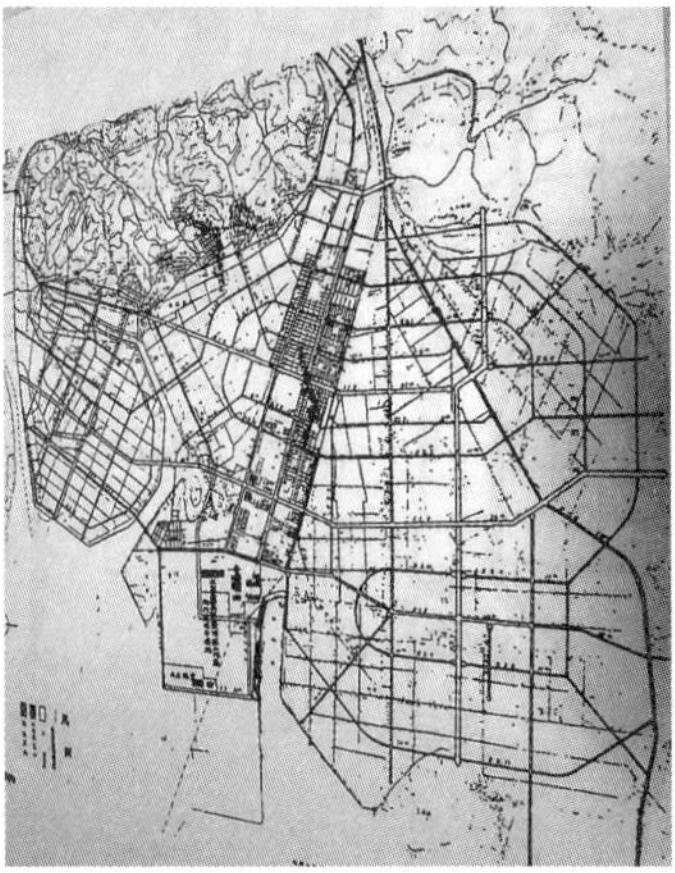

2戸合わせた寄棟社宅

2戸背中合わせの寄棟が。また八間川より西には4軒長屋の工員社宅がありました。現在も点々と残っています。」

えっ、そのあたりは私が毎日早朝散歩で通っている所ではありませんか。でもその目で見ていないので気が付いていません。早速カメラをもって散歩を。いくつかのそれらしい建物を撮影させていただきました。

4、矢柄住宅も三菱社宅だった

先の地図では連島の中央あたりに、真四角で碁盤の目のような街路が書かれています。ここは「矢柄住宅」と呼ばれるところで、私が小学校5~6年のころの恩師、松田勇先生が当時お住まいでした。で、お訪ねしてみたのです。先生はもうなくなられていましたが、奥様がご健在で、矢柄住宅について次のようなお話をしてくださいました。

「ここは戦争中の三菱重工の社宅だったんです。みな一戸建てでした。工場が戦災で亡くなったでしょう。それで住民がみんな故郷へ帰られて空いて、戦後になって売りに出されたんです。それで主人は2軒分を買って、金光町から親も呼んで住んだんだそうです。

ここでは今ではもう建て替えられた人が多いのですが、私の所は当時のままで手を入れて住み続けたんですよ。」

本当になつかしい訪問でした。すべて一戸建てだったということで、どうやらここも幹部社宅だったようですね。というわけでここでも写真を撮らせていただきました。

矢柄の元社宅

5、元の住民は追い出された・戦時下の名で

ところでこうした経過を見るとき、当然気になることがあります。これらの戦時都市計画を実施する際に、そこに元々住んでいた住民がいたはずです。その方たちはどうなったのでしょうか？　先の本「水島のなりたちと亀島山地下工場」には次のような記述があります。（p65）

開拓農民2世の話

「私が2、3歳の時父が廃川地に入植しました。福山などから来た開拓農民はみなトタン屋根の本当の野小屋で生活しながら、蘆《アシ》がいっぱいだったから、その根をうがしては一生懸命、農地をこしらえていったんです。入植された方はものすごう苦労されています。僕らそれを見ながら大きくなったんです。私の土地が何町歩あったかわからないんですけど、昭和16年に突然、軍の命令で安く買い上げられ、強制的に移転させられました。私の家は2階建てでしたが、それを解体して今の東川町に建て直しました。」（以下略）

この項は「水島の先人たちの記録・水島東川町の物語」参照

今回の取材。今の水島の街路や町並みが、戦時中、戦争遂行のための工業都市計画に由来するという驚くべき事実。外部から水島に来た私にとっては、本当に大きな驚きでした。

（2018・4）

12節　水島の韓国・朝鮮人の事

「水島には多くの韓国・朝鮮人が住んでいる。」という知識は、私にも最初からありました。定年直後に水島地域の一角にある「ライフパーク」の韓国語講座で、半年ほど学んだこともありました。このHPでも何か書かなくっちゃ……といつも思ってはいたのです。

それが今回、友人から「亀島山の近くに、韓国朝鮮人の碑があるよ。」と教えられたのです。早速行ってみました。

「韓国・朝鮮人強制連行労働犠牲者慰霊碑」とあります。裏に回ってみました。「1996年5月」「在日本大韓民国民団岡山県倉敷支部建立」とありますが、詳しいことは書いてありません。何かわからないかな？　と思って、お隣にある「倉敷韓国人会館（ふれあい会館）」を訪ねてみました。

1、大韓民国民団倉敷支部のこと

幸い民団倉敷支部事務局の洪さんという方が応対してくださいました。洪さん、少しふくよかでしたが美人で話しやすく、すっかり打ち解けてお話が弾んでしまいました。

「私じつはあまり知らないんです。隣の体育館を工事している所があるでしょう（倉敷福祉文化会館）。あそこはもともと韓国人の子供たちがたくさん通う、連島中学校の分校だったのですよ。昔は亀島山のトンネルを『道』として使用していたという話を聞いた事もありますが、私の時は既に閉鎖されていました。戦争中は地下工場として使用していたそうですから、往来出来たのかもしれません。」

早速具体的なお話が出てきました。そうそう、そんなお話が聞きたかったんですと、いろいろとお聞きしました。

2、南北に分断されて……

「分断以前は、「朝鮮」という一つの国だったんですね。ところが太平洋戦争後、南北に分断されたでしょう。地域によって『韓国』を選択した人が多かったり、『朝鮮』を選択した人が多かったりもしましたけどね。」

今あそこに「岡山朝鮮初中級学校」があるでしょう。でも、五福（第五福田小学校）などへ通う子もいますね。」

今でも多くの苦労を抱える民族が、他国へ来て苦労が重なっている様子が洪さんの口から次々に出てきます。

3、明治のころから生活苦で日本へ　そして亀島山地下工場

「明治のころ朝鮮は日本の植民地になったでしょう。生活が苦しく、多くの人たちが日本に渡ってきて炭鉱などで働いていたというんです。九州や西日本の鉱山などで働いていた人たちは半島南部出身の人が多く、新潟や東北など東日本の鉱山炭鉱は北部から渡ってきた人が多かったという話です。」

「昔は倉敷市の「帯江銅山」で働いていたらしいひとや、備前の鉱山での事故死なども聞いた事がありますね。」

ここで洪さん、「ガイドブック　亀島山地下工場」という本を見せてくださいました。「亀島山地下工場を語りつぐ会」が発行したもので、戦争遺跡としての地下工場の様子や、そこで働かされた朝鮮出身の人たちのことが詳しく書かれていました。なかで「在日コリアンの証言・金原哲さん」という項目の一部を紹介します。

「トンネル掘りの仕事は、夕方仕事がすんで帰るのは自由でしたが、飯を食うて寝とると、交番の巡査が二人、大きな棒をもって晩にバラックをぐるぐる回るんじゃ。たまに憲兵が

来やがる。それで「なんで仕事をせんのじゃ」いうてぶん殴るんじゃ。「仕事をせん」いうて殴る。「寝るな」言うて殴る。ものを言わなんだら「言わん」。言うたら「しゃべるな」いうて殴る。もう話にならんのじゃ。履くものもないし、はだしでえろうて、昼も夜も仕事出来やしませんがな」

金原哲さんは、地下工場のトンネル掘削に従事した朝鮮人体験者の一人です。「作業が長引いたり、失敗したりすると、特高が朝鮮人を地べたに座らせ、殴る、蹴る、背中を踏みつけるなどの暴行を加えました」とも証言しています。トンネル掘りの仕事が強制労働だったことを示しています。掘削作業中の落盤事故で朝鮮人が死んだという証言もあります。

（以下略）

4、早く仲良くなってほしい！　韓国・朝鮮

洪さんのお話が続きます。

「九州に来た人たちの中にはクリスチャンがたくさんいます。つらい生活の中で宗教が心の支えになりました。また戦前から教育熱心な人たちは、子供を東京や大阪の大学に入れ

たんですね。そういう人たちが抗日運動に入って行ったんです。そして弾圧も受けて……。今はそういう人たちが亡くなっています。経験したことを証言する方が少なくなりました。

早く日本と韓国朝鮮が仲良くなってほしいです。ペ・ヨンジュンの功績は大きいと思います。韓流ドラマも流行りましたし。

日本が韓国へ行って何をしたかというようなことを含めて、すなおな交流があって、わだかまりもなくなってほしいと思います。」

洪さん、ありがとうございました。

（2019・4）

13節　水島公害の歴史、水島協同病院

水島の現代史、私の頭の中では「公害」の二文字が切っても切り離せません。そして同時に「水島の公害反対運動の歴史」を語ろうとすると、『水島協同病院』（写真）の名がまず浮かんでくるのです。

で、このテーマをどう書こうか？　どう取材しようか？　私がこの「水島の歴史」を書くについて、重いテーマとしてずっとつきまとっていた課題だったのです。そう、先延ばしに次ぐ先延ばしは私の得意技とはいえ、そろそろ取材せねば……。

水島協同病院と言えば、その運営は「倉敷医療生活協同組合」というところが行っているそうなんです。ということで、

水島共同病院

エイヤッと正面からインタビューを申し込むことにしました。「倉敷医療生活協同組合」にです。

1、岡田信之元県議が出てこられて

水島協同病院の少し北西にある倉敷医療生協の応接室でのインタビューでは、医療生協専務理事の谷謙一さん、岡田信之さん（元日本共産党岡山県議会議員）に応対していただきました。倉敷医療生協や水島協同病院の活動には、日本共産党の方々が大勢かかわっておられるというのは知識としては知っていたのですが、最初から元県議会議員が出てこられたのには驚きました。

でも、一瞬引き気味になった私も、逆にこれでいろいろ聞きやすくなった……と質問を続けたのです。

谷さんはまず医療生協の標語の説明から始められました。

「もとは『Each for All and All for Each』と言うんですが、私たちは『一人ひとりを大切にする社会の実現のために』と訳して、生協運動のうったてにしています。」

なるほど、それで水島公害の時に、患者さんや一人ひとりの住民の人たちの利益を守って、献身的な活動をされて来たんですね。ミーハー的観点?から取材を申し込んだ私など何を考えていたんでしょうね??

でも、と気を取り直して質問を続けます。

2、化成水島の大火柱が公害に取り組む発端

水島で公害の問題に取り組む発端になったのは何でしたか?　の問いに岡田さんが
「私は岡山大学を卒業してからこの医療生協に就職したのです。その少し前、化成水島(現三菱化学)ができて試験操業の際、1964年でしたか、工場の排ガス燃焼塔から連日連夜数十メートルという炎が上がったのです。近くの呼松の住民が悪臭、まばゆい光で寝られないという。で住民700戸がみんなで工場にデモ行進をおこないました。この時水島協同病院のスタッフも医療班として参加、住民の苦難を目のあたりにしたのです。(写真

は倉敷医療生協「水島の公害」より）

これは大変だと医療生協では公害委員会を設置して取り組みを始めました。呼松住民の健康調査、四日市公害の講師招聘、そして地域ごとの医療生協組合員が公害について学ぶ懇談会などに取り組みました。この懇談会が就職した私の最初の仕事になりました。

3、大気汚染の拡大

高度成長の波に乗って水島に誘致された巨大な工場群が操業を始めると、水島の空は急速に汚染していったのです。61年後半には近海で死魚や異臭魚が出始め、その後水島市街地でもポプラが枯れ、64年ごろには玉ねぎが腐ったような悪臭に悩まされるようになったのです。

大気汚染は拡大の一途をたどり、１９６８年（S43）から１９７０年ごろにそのピークを迎えます。私は今でもかかわった多くの患者さんのことが思い出されます。

突然に気管支喘息を発症した人、20歳の労働者が重傷の気管支喘息にかかり、病院に運びましたがその夜のうちに亡くなるとか、14歳の女の子が気管支ぜんそくのため空気のきれいな下関へ転居直前に発作で亡くなられたこと……。」

4、患者、住民たちとともに展開した公害反対闘争

「こうした中で、水島の医療生協は様々な公害反対運動に取り組みます。1971年には「公害なくせ」と住民運動の先頭に立っていた栗本泰治専務理事が、日本共産党から岡山県議会議員に当選。県議会で水島の公害防止を掲げて奮闘しています。2年後私（岡田信之氏）も共産党から倉敷市議会議員に当選そました（のちに栗本氏のあとの県議に）。

公害が全国に広がる中で、『公害健康被害補償法』が制定され、公害企業の責任が明確化

されます。しかし水島地域出身の市議会議員では、私以外の全員がこの地域指定に反対するのです。地域のイメージが悪くなるなどと。しかし今水島で問題なのは深刻な公害の現状であり、それをなくさなくては水島の発展はありません。

　患者の方たちは病気の体を押して署名や街頭宣伝などに取り組みます。必死の戦いのなかでついに「倉敷公害裁判」、裁判闘争になります。

　そして1996年、高裁岡山支部で「勝利和解」となりました。

（写真は倉敷医療生協「水島の公害」より）

　今はその和解金の一部で「水島地域環境再生財団」を設立。水島の良好な環境を取り戻すための取り組みを行っています。

　その間、1953年に300人で設立した「水島医療生協」は、今では6万6千人の組合員の「倉敷医療生協」となり、この地域の発展と医療の前進のために奮闘しています。」

岡田さんの説明、とてもこのレポートで収まる規模ではありませんでした。しかし、全国的に有名になった「水島の公害」反対闘争は、この医療生協が住民や患者の皆さんとともに戦い、それがゆえに今の水島があるということが事実をもって語られ、圧倒される思いでした。

表3 倉敷市の区域における大気汚染濃度の経年変化

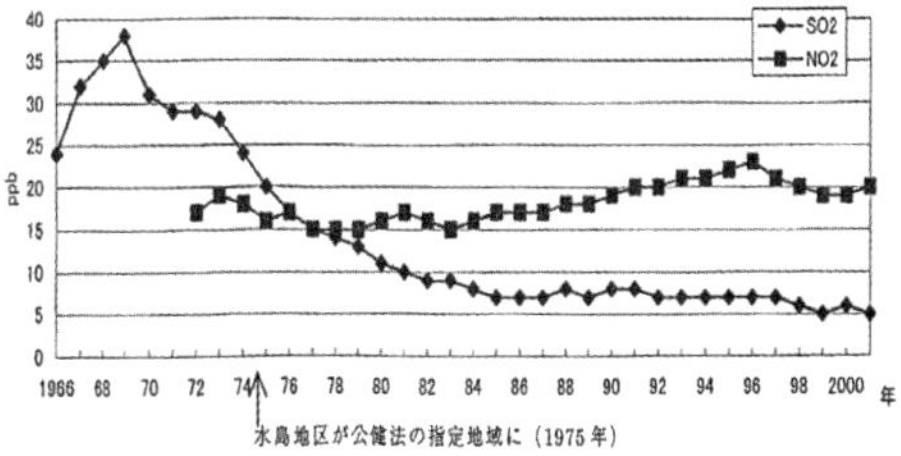

注:ppbとは10億分の1。ppmの1000倍。今のNO_2の環境基準は「1日平均値が 0.04-0.06 ppm の範囲内またはそれ以下であること、またゾーン内にある地域については原則として現状程度の水準を維持しまたはこれを大きく上回らないこと」上の表では「40-60ppb」となる。

5、水島の大気汚染は今？

最後に、水島の大気汚染の現状についてお伺いしました。岡田さんの示されたグラフ（上）によりますと、主要な汚染物質のうち、SO^2（二酸化硫黄）は減ってきているのですが、NO^2（二酸化窒素）はほぼ横ばいに近い状態のようです。

NO^2って、窒素酸化物と言って、オキシダントなどの原因物質として問題にされているものではないでしょうか？　何々「大気中の濃度は、約0.027 ppm」なんて説明もネットにありますね。じゃあ、このグラフは一般大気と同じ？

しかし今後「水島の公害」、まだまだ注目していく必要がありそうです。

6、医療生協の先駆者、栗本泰治さんのこと

さて、ここでもう一人、倉敷医療生協（水島協同病院）設立者ともいうべき人、栗本泰治さん（元日本共産党県議会議員）のお話を聞かずにはおれない私でした。現在87歳という長命を保っておられ、まだまだお元気だといいます。

数日後、栗本さんには同じ医療生協会館の会議室に姿をみせていただきました。

で、「一番の疑問は『なぜ水島だったのですか？』なんですけど。」相変わらずぶしつけな私の質問から始まりました。

「私は高梁で生まれ、戦後は大原農研（１９１４年「大原奨農会農業研究所」として設立、今は「岡山大学資源植物科学研究所」）にいたんですが、その後倉敷市の阿智神社前の板野

勝次さん（元日本共産党参議院議員）の自宅から水島に通って、自主診療所建設の仕事に従事します。

当時の水島は、戦後焼け残った元三菱の臨時工の社宅が空いたところなどへ、岡山や大阪などで戦災にあい家を焼かれた人、朝鮮、中国など海外からの引揚者、戦争のために徴用された朝鮮人など、まさに戦争犠牲者の密集地で、お金もない貧しい人たちが肩を寄せ合って暮らしていたんです。岡山県下一の巨大スラム？と言ってもよいかと。

その人たちがお金が無くてもいい医療を受けたいとか、差別のない医療をという要求があったんです。そういう人たちの中で協同組合を作って、差別のない医療をやろうとしたんですね。大阪や東京ではもうすでにそういう運動が始まっていまして、各地に民主診療所ができていました。その一つですね。

7、住民がきずきあげた医療です

診療所をどこにどう作るか、無一文ですから必要な資金をどう集めるか、お医者さんや看護婦さんはどうするのか、などなど山ほどの難題が待ち受けていました。苦難から逃げずに、一つ一つの課題をみんなに話して、多くの協力者を作って、みんなの英知で難題を乗り越えていきました。

いろいろと「アカ攻撃」もありましたが、何とか1953年（昭和28年）組合員300人を集めて「水島医療生協」の設立にこぎつけたのでした。

それが昭和35年ごろから公害がおき始めて、昭和40年ごろにはイグサの先枯れや、喘息患者がどーと出始めて、公害反対運動を組織するということになったんですね。

大企業を否定するわけでも何でもないんです。生産活動は重要なことです。しかしもうけ本位で生産して、住民に被害を出すのは間違っているということなんです。これは社会的に規制することで、社会の健全な発展につながると思うんです。

そういう趣旨で、ほかにも「森永ヒ素ミルク事件」「朝日訴訟」などにも大きく取り組みました。

倉敷医療生協の歴史は、一口で言って『住民がきずき上げた医療』と言えるでしょう。地域の大衆と民主的な医師、医療従事者が協力して、住民のための医療をきずき上げてきた歴史なんです。」

とつとつと語られる栗本泰治さん、倉敷医療生協の専務理事を務められたのち、日本共産党から岡山県議会議員に当選（1971年・昭和46）、4期16年にわたって公害反対の論陣を張られています。

（2018・2）

新築のコープリハビリテーション病院、老健あかね

14節　カメラを通しての水島50年
ある写真家が見つめた水島の記録

私の手元に「写真集　水島の記録　1968―2016」という本があります。写真家の高田昭雄さん（78）が、水島を撮り続けて50年、その集大成ともいえる作品です。

今日はカメラを通して見つめた水島はどうだったのか？？　と、この高田さんにインタビューを試みました。

かっては三井造船玉野事業所にお勤めだったという高田さん、当時から写真を撮ってこられ、有名写真家の故石津良介氏に師事、長年の作品がこの一冊に凝縮されています。

その高田さん、風貌どおりの静かな口調で語り始められました。

「石津良介さんは『写真はドキュメンタリーだ』と言っておられて、私もそういった趣旨で写真を撮ってきたんですが、最近はどうもそういうのが少なくなってきましたよねー。」

1、変わりゆく水島の姿を

高田昭雄さん

「私は玉島の生まれで、当時玉島から玉野へ行くバスがあったんです。霞橋から連島の旧道を通って、林へ抜け、王子ケ岳から玉野へと。どこも狭い道だったですな。若いころからそのあたりをカメラをもってうろうろしておったんです。

そういう中で、特に変わりゆく漁村ということに非常に興味をもって、写真にして残そうと思ったんです。呼松沖は遠浅で、宝の海だったんです。浅瀬を歩いていたら魚を踏むような状態だったんです。その海に高島がぽつんとあるだけというような。

それが、みるみる変わっていったんです。

そうそう、その高島では有名な話があります。水島港でも漁が行われていたんですね。その人、松井さんでしたか。高島の漁師で、水島港に漁業権を持っていて魚を捕る。ところがその魚が臭いにおいがした。

その人が旧の市役所に大山市長が当庁してきたときに、その目の前に取れた魚をばらまいたという事件があったそうなんです。

その後で、企業が漁民の漁業権を買い取るということになったんですね。

そういう中で私は、変わりゆく水島の姿をずっと撮り続けてきました。

水島灘での漁業の様子

2、旧三菱石油の原油流出事故のときにも

あのとき（1974―75年）は冬で西風でしたから、油が流れて徳島まで行ったそう

なんですね。瀬戸内の島々で、釣りをしても中から油が出てくると言われていました。あのときは、通生《かよう》や呼松などでも撮りました。坂出の王越海岸などでも、ものすごい厚みの原油の層でした。

注：三菱石油は現「ＪＸＴＧエネルギー水島製油所」

3、新しい航路への出入りが規制され海上デモ

1968年と72年には漁業者による海上デモがありました。それまで瀬戸内海には2本の航路があったのですが、工業地帯が増えるにしたがって『海上交通法』によって、重要港湾への航路が増え、そこへの漁船などの出入りが規制されるという話になったのです。

今までの漁場で自由に漁業ができなくなる漁業者がこれに反対し、大きな海上デモが行われました。たくさんの漁船が

海上デモ

大漁旗をかかげて、水島港内などでデモに参加するのを取材したのを思い出しますね。」

4、豊かさとは何なのか？　問い続ける舞台「水島」

最後に「50年間も水島を見続けてこられて、今どう思われましたか？」とお聞きしました。

「まあ、あれだけ立派なコンビナートができて、漁業者はいなくなったけれども、それなりの豊かさは手に入れたんでしょうね。

しかし、しかし、そういう陰でいろんなものをなくしていったのではないでしょうか。

漁業であり、人間の健康であり、いろんな大切なものが無くなって行っているように思うんです。

　１９７０年代よりも空気がきれいになって、喘息患者は少なくなってきているとはいうものの、それにはどれだけの患者や住民の運動が必要であったのかと思います。

住民、国民と企業との間には、常に力関係のようなものが存在し、私たちは排気ガスや排水処理などの企業活動を常に監視していかなくてはいけないんじゃあないかと……。

今の社会、少々の犠牲があっても、みんな生活の豊かさを追い求めるんですね。しかし、それでいいのか。豊かさとは何なのか、ということを求めているような人が今増えているように思います。

私はほかにも、元の英田郡上山地区（現美作市）というところの運動をもう40年間も取材し、撮影し続けています。そこには、2000年ごろに都会から住み着いた人がいて、親戚や知人らが次々集まってきて、かっては6000～8000枚もあった棚田を復興させようと運動が続いています。そこへは、元企業戦士ですが、それでは生きていけないというような人たちも集まってきているのです。

苫田ダム反対運動の時にも私は取材に行きました。

どれも人がどう生きるのかというようなこと、写真によるドキュメンタリーといったものの必要性を感じています。」

高田さん、最後まで静かに語られました。

そして私と言えば、「人とは」「人生とは」……ということをカメラを通して追い求めてこられた先輩の迫力に、終始圧倒される思いであったのです。

（2018・3）

注：この項の写真は、高田昭雄さんの「水島の記録　1968―2016」のものです。

15節　水島コンビナート夜景クルーズ

現代の水島と言いますと、まず何といっても『水島コンビナート』ですね。今回はその「夜景クルーズ」に参加する機会がありましたので、そのレポートをお伝えします。

11月下旬。秋も深まった一日の事でした。「みずしまつうせん」という会社が行っているクルーズです。集合場所は水島港の一番奥、海上保安庁の建物のすぐ横に待合所がありました。

ところがこの日は参加者が私たちを含めてわずか4名。そのため18時出向の予定が30分も早くなりました。

船は「あけぼの号」。さあ出航です。

クルーズ船

1、まずは三菱自動車から

といいましても、私にはどこがどこなのか？　船長さんの説明を聞いてもよくわかりません。とにかくそれらしい夜景にiphonを向けるだけです。以下間違いが多々あると思いますが、とにかく撮った写真をのっけます。

あら、大きな船に「NYKline」とありますね。「自動車を輸出する船です。」という解説にただうなずくだけでした。「NKT」とはどうやらあの日本郵船のようですね。

2、あれがJFEでしょうか？

次に右に見えるのは、「JFE」のはずですが、はたしてどうなんでしょうか？　何しろ夜景です。詳しくは判りません。

巨大な船

工業地帯夜景

う〜ん、大きな船が接岸しているのが次々に見えてきますね。

おや、あれって「高炉」じゃあないんでしょうか?

夢中になってシャッターを切っているうちに、早くも水島港の外に出て来たらしく、「あれが瀬戸大橋です」との説明。それらしい方向に向けてシャッターを切ったつもりですが、はたして映っているかどうか?.?

う〜ん。この時期、19時になるとライトアップが……ということでもありましたが、残念、まだまだ時間が前過ぎます。船はターンして帰途へ。

高炉遠景

瀬戸大橋遠景?

3、帰りは「サノヤス造船」とおつきさん

帰りの目玉は「サノヤスドック（サノヤス造船水島製造所）」です。巨大なクレーンが目に入ります。あのあたりが巨大ドックなんでしょうね。

おっと、ちょうどお月さんが山の向こうから……。

そしてあっという間に工場地帯の向こうにかかる月……。

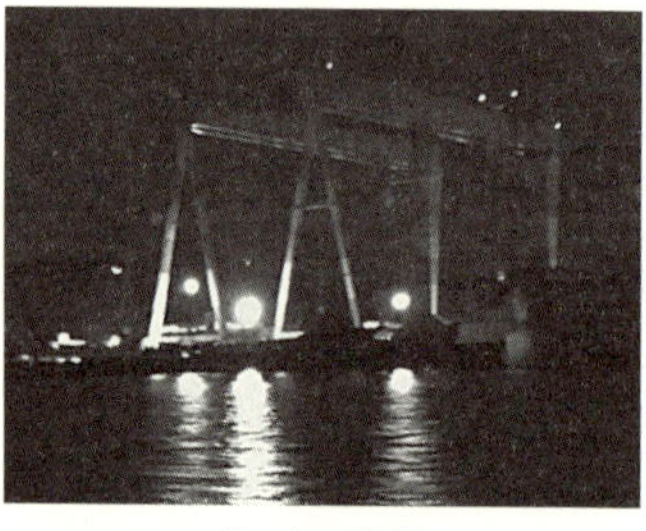

サノヤス造船

4、そして最後は「タグボート」の群れが

最後に見えたのは「タグボート」の群れでした。タグボートとは、引船、曳船ともいい、港の中での大きな船の出入港の案内や管理をする役目の船です。

エンジンは大きく、巨大船を押したり引いたりして、岸壁につけるのです。水島にも当然あるとは思っていたのですが、こんなにたくさんのタグボートがつながれているとは思

いませんでした。すごい!!

偶然に案内チラシを見つけて参加したクルーズでした。海から見た水島コンビナート。さすがにすごかったです。こんど昼間にもう一度見てみたいなーと思いました。

(2018・12)

第四章　文化と神社仏閣の事

1節　連島出身の力士たち

ここに、「西浦学区コミュニティー協議会、水島を元気にする会」発行の『〝連島の88ヶ寺〟ひとめぐり』という緑色の地図があります。連島地域の四国88カ所霊場を一覧にした地図で、それぞれの霊場が赤字でナンバーが書かれて、とてもよくわかる地図なんです。で、でです。その右の部分に「力士の墓」と書かれているのですね。力士と言えば大相撲。国技とも一部で言われているものなのですけれども……。これは興味深いことではありませんか?

「岩戸藤」・明治のころの大阪相撲でした

で、行ってみました。連島東小学校の横の、谷を挟んだ東側の墓地です。難波さんというお宅のお墓の中でした。

ややっ、これは！！　なんと亀の上に乗っているではありませんか。しかも六角形。どうやら備前の池田家や鳥取の池田家のお墓で有名な『亀趺《きふ》墓』ではありませんか。倉敷市中帯江の不洗観音寺郊外にある、帯江銅山功労者のお墓も亀趺墓でしたが、なんともすごいですね。

「力　岩戸藤東七の墓」とあります。横には「難波仲助信孝次男行年三五歳」「明治一五年六月三十日」とも。また「朝日山門人」とも。朝日山部屋というのは、江戸時代以来の大阪相撲に起源を持つ伝統ある相撲部屋で、数々の流転ののち、現在では元関脇琴錦が朝日山を襲名しています。ここに所属していた「岩戸藤」という力士のお墓なのでしょうね。少し調べてみました。

関脇まで上り詰めて

昭和52年に連島公民館の手で発行された「連島の話その2」に「連島の力士たち」とした特集記事がありました。連島の郷土史家として名高い安原秀魁さんの筆になるもののようです。その一人目として「岩戸藤東七」が取り上げられています。（なお、昭和41年発行の『高梁川』19号にもほぼ同じ文章が載っていました）

20歳で大阪相撲の朝日山部屋へ入門した彼はめきめきと力をつけ、実家の屋号「岩戸」を使って「岩戸藤」と名乗って出世していきました。

明治5年（1872）2月、彼の故郷の連島で2日間にわたって大相撲巡業が行われ、岩戸藤は後ろ盾となってくれている横綱陣幕（12代横綱・稀勢の里は72代）とともに挨拶をおこなったそうです。

岩戸藤は明治10年ごろには小結、13年には関脇へと昇進、15年（1882）秋には陣幕の後継ぎとして大関が約束されていたそうですが、その6月ふとした風邪がもとで肺炎、帰らぬ人となってしまいます。

お万狐と勇駒

当時の連島には、多くのお宮やお寺に相撲場があり、村の若者たちの唯一の娯楽、またスポーツとして相撲が盛んであったと言われます。相撲は当時の文化のいわば花形だったのです。この連島からは当時、多くの力士が出ています。

現在目にできるのは他に、「勇駒」「岩戸藤勝太郎」という人のお墓です。勇駒の墓は西之浦の正福寺の門前にあります。

この勇駒というのは相撲甚句の名手で、帰郷の折にはよく八丁土手を通りながら相撲甚句をうなっていたと言います。ところがこの時に決まって美女が現れ、彼の美声に聞きほれていたそうです。後になってそれは亀島山に住む「お万狐」だったということが分かったとか。美女狐に惚れられた力士、どんな美声だったのでしょうね？

（2017・5）

PS：後世、連島の「ウェルサンピア倉敷」で育った世界的スケーター「高橋大輔」が現れるのも、こういった連島文化の伝統なのではないでしょうか？

PS2：おっと、広島カープのエース、野村祐輔投手も連島出身でしたよね。

2節　海の神様・篦取神社のこと

1、桜と長い石段が有名

「連島というと、厄神社の他に『ヘラトリ神社』って、変わった名前のお宮さんがあるんだって？」

「そうよ、『篦取神社』と書くのよ。230段って言ったかしら。長い石段と、春はたくさんの桜で有名よ。桜祭りはぼんぼりが並んで、すごい賑やかなんだから。」

なるほどなるほど……。それにしても篦取《ヘラトリ》って、変わった名前ですね。どんな云われがあるんでしょうか？　連島の少し西部、西浦小学校の西の急坂を車でそろそろと上がって行きました。ウネウネと行った先に、ようやく駐車場が。そして……。

2、長い回廊、〝亀?の池〟がお出迎え

駐車場から一段上がったところから、左右に立派な回廊があります。すごい！　まるで吉備津神社みたいではありませんか。

左側から上がって行きますと、まずは「池」がお出迎えです。亀?をかたどっているんでしょうか?　それとも後に述べるように「海の神様」なので、まさかクジラ??

3、7世紀のころ鎮座?　祭神は海神

回廊を曲がりながら2段に渡って登って、ようやく拝殿などのある所に出ました。すごい立派な社殿です。さすがに塩飽大工の作といわれるものですね。

受付におられた方にお伺いしました。「神主さんですか?」

「いいえ、それは父で、私は見習いみたいなものです。」ご謙遜を！

長い回廊

「ここの祭神は『大綿津見命《オオワダツミノミコト》』などで、大綿津見命は海の神様で、今はここは広い平野や工業地帯に囲まれていますが、以前は海の神様として、たくさんの信仰を集めていたんです。」
「大綿津見命は、古事記で海幸彦に借りた釣り針を失った山幸彦が、針を求めて訪れた所の神様なんです。」

なるほどなるほど……。資料を見ますと、その大綿津見命の娘でここ笣取神社の祭神の一人、豊玉姫命が海幸彦と結婚していますね。

「壬申の乱（672年）のころに鎮座したことになっています。前面の海上に○に笣という字の神紋が現れて、それで『笣取大権現』というようになったそうなんです。」
「江戸時代の宝暦年間にはこの地方の総鎮守として栄えたそうです。」
「桜は明治のころからどんどん植えられ、今は100本を越えています。」

ではまた、春に撮影に来なくっちゃ……。

拝殿内部

4、75社眷族も祭神です

「ここは『神使七拾五社御眷族』も祭神になっていまして、『水火盗難厄災開運の神』としても、霊験あらたかなんですよ。」

おや、お狐さんも祭神で災難除けに効くのかな？　そういえば、いつか連島の力士を取材したとき、「美女のお万狐」さんがおいででしたね。さてはこちらのお使いだったのでしょうか？

5、大本教3代補の方の碑が！

拝殿の横に「神恩洪大」と書かれた立派な石碑がありました。説明を見ますと「倉敷市出身の大本三代教主補出口日出麿（1897～1991）の書で、青少年時代に当神社によ

大本教三代補の碑

75社御眷族

く参詣されていた記念として……」と書かれています。

出口日出麿さんといえば、昭和10年（1935）年の大本教第2次弾圧（治安維持法など）の時に逮捕され、ひどい拷問で精神に異常をきたした方。出口王仁三郎の後継者と目されていた方です。

説明では「弾圧で苦難に遭遇、依頼神仙の境遇にあって、書画をよくし（略）清澄にして……」とあります。

それにしても、先の日本の戦争に協力しなかった数少ない宗教教団の、トップに近い人の碑がここにあったのには驚きでした。

なお、この石は四国の青石という「稀有の名石」だそうです。

6、その他にも見どころ満載のお宮さんでした

帰ろうとしたら神主補？　さん、「まだまだ珍しいものがありますよ。石の方位盤もそうです。」と案内していただきました。

そのほか、絵馬殿の大きな干支絵馬各種、さざれ石の夫婦岩、倉敷芸術科学大学生徒の

巨大な奉納絵馬などです。またここからの水島の眺めも絶景でした。

また私が初めてこの篦取神社を知ったのは、倉敷市帯高の竜王神社に「篦取神社」と書いた石碑があったことからでしたが、今回ここの石段を寄進したのか、茶屋町の旧家佐藤家の名前の入った石柱も発見してしまいました。帯江地域でも、かってはここ篦取神社への信仰が広がっていた様子がしのばれました。

（２０１７・９）

3節　や、や、、やく、厄神社のこと

1、連島の「厄神社」のこと

連島に「厄神社《やくじんじゃ》」というのがあります。けっこう大きな神社で、ここの宮司さんは、どうやら連島一円のお宮さんの宮司を兼ねておられるようなんです。

で、や、や、厄ってなんだ……と考えてしまいました。だって、「厄神社」って、インターネットで検索してもあまり出てきません。「厄除け」で有名なお宮さんやお寺さんは結構あるようなんですけど、そのものずばりの「厄」を名前にした神社仏閣はあまりないようなんです。さて

は珍しいんかな？？？

「厄除け」では「日本三大厄神」というのがあるそうなんです。門戸厄神東光寺（兵庫県西宮市）、石清水八幡宮（京都府八幡市）、天野明神（和歌山県伊都郡かつらぎ町）がそうらしいです。いずれも厄神除けで有名なお宮やお寺さんだそうです。

2、や、や、、、やく、厄とは

そもそも「厄」って？？　手元の「大辞林」では、「災難、わざわい。厄年」としかありません。いずれも、人の生活や一生でおこる災難、災厄のことで、それを避けるために昔の人々はいろんなお祈りをしたのでしょう。

「厄年」ってあります。男は25、42、61歳、女は19、33、37歳（いずれも数え年）だそうですが、これらは三隣亡とか友引などと同じように、かっての陰陽道の考え方だそうです。えっ、じゃあ明治政府が陰陽道を禁止したとき、それを神道に取り込んだものですね。

いずれにしても、ここ連島でも昔から厄払いが必要で、古くからこのお宮さんを祀ったようなのです。

3、流転のお宮「厄神社」

境内の由緒書きを見ますと、このお宮さん、貞観9年8月（８６７　平安時代中期）鞆の浦（福山市）の祇園宮（現沼名前神社）から勧請され、連島の宮之浦で「薬神宮」として始まったとされています。

その後永和３（１３７７）年、西之浦字小船に移り、「疫神宮」となった。

また応永23（１４１６）年には西之浦字小川に、大永８（１５２８）年には西之浦字古宮（現西浦小学校東）へと遷宮を繰り返した。

そして寛政５（１７９３　江戸時代後期）年、現在の西之浦字西山に移り「厄神宮」となった。西之浦の氏神、連島の総氏神として現在に至る。

また、明治７（１８７４）年、明治政府の神仏分離令（廃仏毀釈）により、「厄神社」と改称した……。

とあります。なんと、流転を繰り返しています。連島の人たちにとって、本当に大事なお宮さんだったのでしょう。

4、薄田泣菫詩碑が

このお宮さん、境内に薄田泣菫の詩碑がありました。これも、連島最大の文化人の碑を建てるところとして選ばれた、この厄神社の役割がよくわかります。

5、「大梵交差点」のこと

また実はこの「厄神社」の下のところに、「大梵」という交差点があるのです。この連島にはほかに「どんどん」「やっとこ」という変わった名前の交差点があるのですが、この「大梵」もその一つで、なぜこの名前に？　と疑問に思うところでした。「梵」といえば、梵天様が頭に浮かびますよね。「梵天様」と言えば、バラモン・ヒンズー教というインドの宗教の神様です。それが仏教とともに日本へ渡ってきて、各地で祀られているのです。で、なぜこの交差点の名前に……と思っていたのですが、今回一つの解

を見つけました。
　この厄神社の境内になるらしいのですが、車で上がってい
く途中に「大梵天社」という小さな社がありました。例によ
って、明治の廃仏毀釈で名前を変えさせられているようで、
「佐田神社」また「伊吹神社」とも呼ぶようです。
　江戸時代までは「大梵天社」として結構有名だったのでし
ょうね。それで、現在の交差点の名前に……。納得です。
（2017・3）

大梵天社

4節　明治詩壇の巨匠薄田泣菫は連島の人

1、文化の島・連島が生んだ薄田泣菫

連島と言えば、「薄田泣菫」を語らずにはおられません。私たちの子供の頃は、必ず教科書に載っていた人です。宝島寺の名僧寂厳から薄田泣菫へと連なる文化の系譜は「文化の島・連島」の系譜と言ってよいでしょう。

平安時代、13院をはじめ数十の堂宇を誇ったという山岳仏教宝島寺。

備中東部に北から新山（総社市）、福山、日間山からこの連島へと連なった大山岳仏教地帯の残照が、文化の島としての連島を照しているのです。

2、連島東部、大江にその生家がありました

連島街道の東部、「大江」というバス停から北へ、前回訪ねた「大江前新田300年記念碑」のある公園のすぐお隣です。市の主管で修復保管されています。入口の説明版には『明治詩壇に大きな足跡を残した薄田泣菫の偉業を永遠に伝えるため、生家を修復し、建築当時の趣を今に再現した。』とあります。

中にはいろんな展示がありますが、まず目を引いたのは泣菫本人の写真2葉でした。さすが当時の写真としては、軍人などと違い優しげですね……

若いころの泣菫

薄田泣菫生家

3、島崎藤村後の第一人者として活躍

続いて目についたのは『ああ大和にしあらましかば』という彼の代表作ともいえる詩で

した。直筆も展示されています。

う～ん、当時の文体ですし、私などには何がいいのかちょっと理解不能？？　ですね。いや、泣菫さん失礼しました。

というわけで、ちょっと勉強しました。「みずからを古代大和の地において、その景色と心のうつりかわりを詩にしたもの。明治、大正の頃は、女学生達がこの詩を胸におさめ、明日香の地をうっとりと散策したもの」だそうです。

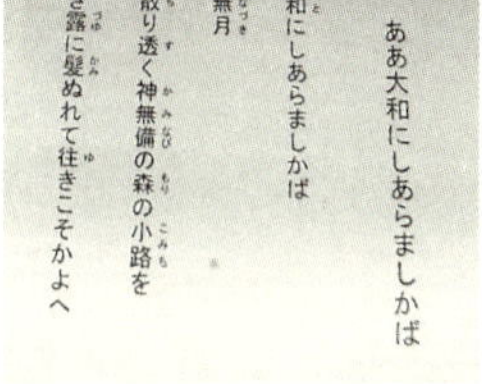
ああ大和《やまと》にしあらましかば
いま神無月《かみなづき》
うは葉散《はち》り透《す》く神無備《かみなび》の森《もり》の小路《こみち》を
あかつき露《つゆ》に髪《かみ》ぬれて往《ゆ》きこそかよへ

泣菫の代表作

なお、この詩は連島の「厄神社」境内にある泣菫の詩碑にも載せられています。

でもさすがに「巨匠」と言われ、島崎藤村後の第一人者として活躍したというだけに、友との交換書簡などの展示はさすがです。私が名前を知っている戦前の文化人のほとんどを網羅しているといってもいいものでした。

与謝野晶子、与謝野鉄幹、芥川龍之介、森鴎外といった私でもすぐに思い浮かぶ文人たちの写真や書簡の展示は圧巻でした。

薄田泣菫さん、この地に明治10年に生まれ、昭和20年に亡くなるまで、明治詩壇の巨匠として大活躍されたようです。その解説は詩の良さもわからぬ私などの解説よりも、生家の門前にある説明版を載せたほうがよいでしょうね……。

（２０１７・２）

5節　水島の歴史を見守り続けた「巨樹」たち

1、街中の巨樹

今朝も散歩です。西三間川を南へ。古城池線を越えたところに、大きな木が見えてきました。すごいです。

びっしりと家が詰んだところに。あれは「クスノキ」でしょうか？　「神木・楠」。

近寄ってみました。

小さなお地蔵さまが祀ってあります。そして、「倉敷市内の巨樹」という倉敷市が 平成20年に設置した看板が。

これは、少し調べてみなくっちゃ……。というわけで、市のＨＰから探してみました。ありました。ありました。

2、幹周3ｍ以上、市内で67本

「倉敷市では、何百年もの間、私たちの暮らしの中で生き続け、地域のシンボルとして、人々の心の支えとなっている巨樹を平成3年度から調査しています。」とあります。何でも、地上1・3ｍのところで、幹周りが3ｍ以上の木を「巨樹、老樹」として登録し顕彰して、立札を設置してきているとか。現在68本が認定されているそうです。

この水島地域では8本となっています。前記のは「22番　北畝5丁目のクスノキ　幹周430㎝」（〝番〟は著者挿入）でした。

では、その他のも当たってみましょう。

3、最大のは福田荒神社のクスノキでした

「16番　福田町福田　福田荒神社　クスノキ　幹周614㎝」とありました。早速地図で当たってみました。どうやら「市立第二福田幼稚園」の南を東に入って、山に突き当たったあたりのようですね。

道々聞きながら、細い道を突き当たって、山に少し入ったところにありました。す、すご〜〜〜いです。さすが6mを超える巨木です。

一番右の写真は、ふもとから見上げたものです。山の中にニョッキリと枝を広げています。

私の推定樹齢?では、2〜400年というところでしょうか?としますと、この木はここから水島灘の多くの干拓を目撃し、現代の水島工業地帯の成り立ちと変遷をじっと見守ってきたことになります。「樹神」がいるものなら、その感想を聞いてみたい

ものです。

4、第一福田小学校の「ラクウショウ」

次は福田新田の南部、「59番　第一福田小学校　ラクウショウ　幹周317cm」とありました。こんどは水田地帯の中です。でも、「ラクウショウ」って?.?

ちょうど夏休み中でしたが、先生方もおられ、「この小学校随一の自慢なんです」と。校長先生も出てこられて説明していただきました。「秀麗」といってもいいような見事な姿の大木でした。

「明治の終わりごろに卒業記念樹として植えられたもの」とあります。明治以来100年余、すごいです。この木を6年間も見て育った子供たちは、きっとみんなこの木のように、まっすぐで堂々とした大人に育つことでしょうね。

詳しい説明版がありましたので、それを載せます。

5、宝嶋寺のクスノキ

最後に訪問したのは、「39番　宝嶋寺　クスノキ　幹周３７９cm」でした。本堂の前に鎮座したクスノキ、いかにも自由奔放に枝と葉を茂らせたという巨樹でした。古くからこのお寺さんを中心に発展した「連島文化」の「自由奔放さ」を象徴したようなお姿ではありませんか。う～～んと思わずたたずんでしまいました。

「倉敷市の巨樹」、水島地域ではほかにも
「12番　連島矢柄　エノキ　幹周３０７cm」

「25番　連島矢柄八幡神社　クスノキ　幹周４０２cm」

「33番　東塚３丁目　クスノキ　幹周３４６cm」

「46番　福田町福田　クロガネモチ　幹周３７３cm」が登録されています。

6節　中四国で最初のゴルフ場が。岡山霞橋ゴルフ倶楽部のこと

水島地域の『霞橋ゴルフ倶楽部』が中四国で一番古いゴルフ場だという話を聞いて出かけてみました。旧国道2号線の霞橋のすぐ下流、岡山県3大河川高梁川の東岸、河川敷に広がる美しいゴルフ場です。ゴルフ場は河川敷ですが、さすがにクラブハウスは堤防の反対側（内側）にありました。

1、大橋平右衛門さんがふと……

取材のお相手をしていただいたのは、支配人をされている大橋弘照さんでした。

「私は支配人になってまだ1年余りです。聞くところによりますと昭和の初め、大橋平右衛門という人が、この下流、高梁川の河口あたりで、砂州に向けて打ちっぱなしをされていたんだそうです。それで行き帰りにこの辺りを通って河川敷を見て、『ここらはもしかしたらゴルフ場にできるんじゃあないだろうか』と思いつかれたそうなんです。それで昭和5年に3ホールでできて、その後9ホールへと拡張され、戦争での中断はありましたが、今に至っているんです。」

大橋家といえば、江戸時代よりの倉敷の豪商で、代々平右衛門を名乗ってきています。今、国の重要文化財の指定を受けている『大橋家住宅』がそれです。その大橋家の当主がこの霞橋ゴルフ倶楽部を起こした人だったとは……。ここでも文化の街倉敷のエピソードがあったことに驚きました。あらっ、支配人も大橋さんでしたね?

2、J・E・クレインの設計

資料を見ていますと、コースデザインはJ・E・クレインと原田武一になっています。J・E・クレイン（1892〜1980）は父がイギリス人で母が日本人、香港から来た人。垂水GCなどの設計者として日本のゴルフ史にも名を刻む人だそうです。

日本の起伏にとんだ風景を生かすことによって難易度を高め、景観に変化をもたらすコースデザインがモットーで『古き良きニッポンのゴルフ場』を数多く（24コース）設計している人だそうです。それで、霞橋コースも『砲台型』と言われるグリーンを多用したりして、河川敷という平たん地のコースにしては、「美しい日本のゴルフコース」に入っているのでしょう。

3、日本初の河川敷ゴルフ場でもありました

ここは、河川敷ゴルフ場としては、日本最古だそうですね……と私。「そうですそうです。この『岡山霞橋ゴルフ倶楽部・60年の歩み』によりますと、日本で古いほうから12番目になっていますが、河川敷としては一番古いんですよ。」

では、いろいろとご苦労もあるでしょうね？

「そうです。河口に近いせいで海風の影響を受けますからね。朝は北風が吹いて、昼近くになると南風になる。冬になると強い西風になって、横風で難しい。風を読みながらプレイする、なかなか難しさがあるんです。」

台風の時なんか水をかぶったりしませんですか？

「そうです。平成16年の台風16号の時は、冠水して土砂もかぶって清掃が大変だったという話は聞いています。それまでにも何回かあって、地図を見ますと、このように上流側がかなり削られて、創立当時よりも幅が狭くなっています。」

「この前の台風は、南側を通ったので、あまり被害が無くて良かったです。今でも国交省の指導で、よく避難訓練もやるんです。あの河川敷のテントや機材を（土手の）こちら側に移したりして……。」

なるほど。維持するのもなかなか大変のようですね。

4、社団法人のゴルフ場

社団法人とうかがいましたが。

「そうです。非営利法人としての運営ですから難しいところもあります。ここは会員の皆さんの年会費＋αでやっていかないといけない。それと近隣の方々にプレイして頂いてということです。儲ける必要はないが、赤字にもできませんし……」

それで、プレーフィーも非常にリーズナブルになっているそうです。

とにかくこの水島地域に、日本でも古く伝統のある美しいゴルフ場があり、みんなに親しまれている様子がよくわかりました。

（２０１７・10）

特集　消えた！　2万人の兵士・真備町

消えた！　2万人の兵士・真備町

先日の「平成30年豪雨」では、全国で死者２００人を超える被害を出しました。中でも倉敷市真備町では小田川とその支流が決壊し大洪水、死者も51人にも達する被害となりました。その真備町に「二万《ニマ》」という所があります。そこで1、４００年前、悲劇的な事件が起こっているのです。私の取材は「平成30年豪雨」の前の時点でしたが、以下にその時の記事を載せます。

（ここまで追記、２０１８・11）

倉敷市の西北部に、真備町二万（ニマ、上二万、下二万）というところがあります。古くは邇磨郷と言われたところです。ここには大変な伝説が残っているのです。

2万人の兵士が集まったところ

新修倉敷市史2巻の52ページには、

「このころ朝鮮半島では新羅が唐と結んで百済を攻め、斉明天皇6年（660）百済は日本に救援を求めてきた。孝徳天皇の死後重祚《ちょうそ》した斉明女帝は、翌年救援軍を編成して自らも船に乗り、九州に向かった。救援軍は合計3万2千人の大兵力であった（略）」

として、『備中国風土記』逸文や三善清行の『意見封事12箇条』（914年、当時の高官が天皇に提出した意見書）を引いて次のように述べています。

「斉明天皇は筑紫に下る途中下道郡（今の真備町近辺）に宿したところ、ここは多くの家々があったので、天皇は詔を出して兵士を募った。すると2万人を得たので、この村を二万郷と名付けた。のちに邇磨郷と字を改めたというのである。これはやや誇張もあろうが、相当数の兵士が得られたことは間違いなく、その中には指揮官的な旧国造層も含まれていたの

現在の倉敷市真備町二万地区の風景

であろう。こうして備中方面からも多くの兵士が朝鮮半島に送られたと思われる。」

今の倉敷市真備町の人口は約23、000人ですが、それにしてもその一帯から兵士が2万人とはすごい所ですね。

その後、ほとんど人口がいなくなった邇磨郷

ところが、同じ新修倉敷市史2巻の136ページには、その後の邇磨郷について……。

「寛平5年（893年）に三善清行は備中介に赴任した。」としてその後提出した前記の『意見封事12箇条』によるとして、次のように書かれています。

「ところが天平神護年中（765～767）に右大臣吉備真備が数えてみると課丁はわずか1、900人余り、ついで貞観年間（859～878）初めに藤原保則が備中介のときに課丁を数えると70人余り、三善清行が備中介の時には老丁2人、正丁4人、中男3人であった。また延喜11年（911）に備中介藤原公利が任を終えて都に帰った時（略）一人いるかいないか（略）この話は律令政治の衰退を示す話として有名であるが……」

えっ、でもそれ（律令政治の衰退）だけではないでしょう。二万（邇磨郷）の人口減少

の原因ははっきりしているのでは？　と誰もが思うと思いますけどね。えっ、えっ……？？？

すぐあとがあの「白村江の戦い」だからです

ちょっとここで時間を追って当時の出来事を列挙してみましょう。（以下Wikipediaなどを参照して作成）

660年3月、唐、新羅とともに百済攻略戦を起こす。唐13万、新羅5万の大軍。

7月18日、百済滅亡。

8～10月、百済復興運動（唐が北の高句麗攻略に向かったあと）

百済残党、倭に救援要請。

661年、斉明天皇兵を集め九州へ（兵士3万2千人）。

5月、倭軍第一派が出発。1万人余、船舶170余隻。

7月、斉明天皇、筑紫朝倉宮にて死去。

662年3月、倭軍第二派（主力軍）が出発。兵士2万7千人。

倭軍第三派、1万人余出発。

663年　倭軍、唐・新羅連合軍のいる白村江河口へ突撃。火計、干潮の時間差などにより、大敗する。倭軍1000隻余のうち、400隻余が炎上。(注1)陸上戦でも倭軍は唐・新羅連合軍に敗れ、崩壊する。生き残った有力者は捕虜として連れ去られる。(捕虜返還は667年)

その後天智天皇は、屋島などに防衛城を築くほか、都も遠い近江へ移す。

669年、天智天皇、唐との関係正常化を図り、遣唐使を派遣。

(以上)

上二万神社

うーん、大変な事態だったのですね。きっと吉備地方が主力となっていた倭軍。斉明天皇の母は〝吉備姫王〟ということからも、そうおもわれますね。時の権力者の都合で兵士にされ、海外に送られて壊滅した倭軍、そのうち二万(邇磨)の兵士2万人は、何人が故郷へ帰ってきたのでしょう。

それから一世紀後(765年頃)の邇磨郷は課丁わずか1、

900人。250年後の911年には1人いるかいないか???の惨状だったのです。これがほとんどの働き手を戦場へ送られ、多くが帰ってこなかった所の惨状だと、なぜ言えないのでしょうか。

二万大塚古墳

いろいろ調べても、この邇磨郷の2万人のその後についての記述はどこにもないようなんです。まさか、当時から『タブー』だったのが、今でも続いているんでしょうか?

(2018・6)

注1:この際、倭国・百済連合軍がとった作戦は「我等先を争はば、敵自づから退くべし」という極めてずさんなものであった(『日本書紀』)だそうです。最近どこかで聞いた事があるようではありませんか?

水島の歴史年表 (干拓の歴史を中心に)

西暦	和暦	水島関連の干拓、出来事	近隣の出来事・日本の出来事
1585	天正13		宇喜多堤 (倉敷中心部、羽島、二日市、陸に)
1600			関ケ原合戦。江戸時代へ
1619	元和5		倉敷古新田
1622	元和8		倉敷後新田 (前記とともに倉敷新田)
1624	寛永1	小十郎新田・福田	
1644	寛永21		粒浦新田
1649	慶安2	江長前新田・連島	
1652	承応1		亀山、西田新田
1674	延宝2	大江前新田・連島	
1678	延宝6	亀島新田・連島	
1679	延宝7		高沼新田 (帯高、早高、高須賀)
1707	宝永4		帯沖 (茶屋町)、早沖新田
1724	享保9	福田町古新田・・古新田用水 江戸の訴訟で大岡越前が承認	
1781	安永10	西之浦新田・連島	
1818-1849	文政1-	鶴新田・連島	
1823	文政6		興除新田 (興除、曽根、西畦)
1850	嘉永3		東高梁川大洪水、帯江2m。 戸川洪水絵図
1852	嘉永5	福田新田 (北畝、中畝、南畝、東塚、松江) ・・3間川用水	
1867			明治維新
1884	明治17	福田新田大洪水 (千人塚)	
1907-1925	明治40-大正14	東高梁川締め切り工事 旧河口部:水島市街地・・8間川用水 旧堤防:臨海鉄道	

(2017, 1)

おわりに

開始してから3年半、ようやく「歴史散策は楽しい―倉敷市水島のまち・ひと・自然」として出版することが出来ました。当初は本にすることなど想像など出来なかったのですが、多くの皆様のご協力で完成することが出来ました。

こころよく取材に応じていただいた多くの皆様には、感謝のほかありません。また出版に際しては、吉備人出版の山川隆之様にはお手数をおかけしました。

皆様ありがとうございました。

さて、こうして本が完成する段になって見ますと、「水島地域」という土地の魅力に改めて圧倒される思いがします。

江戸期の干拓で海だったところにこのように大きな土地が生み出されたこと。

そして、改めて見てみますと、西、北、東と3方を山に囲まれ、南に開け、清流にも恵まれている。まさに中国4000年の歴史からくる「風水」でいう「王城の地」ではありませんか？　幸せに住める土地のはずなのです。

しかし南に工業地帯が誘致され、そこに排気ガスがたまって、公害が大問題になったわけです。

それも、公害反対闘争の結果、公害も少しずつ減り、今では企業も協力しながら「環境都市水島」を作ろうという運動が発展している。未来社会の一つのモデルにもなろうとしている水島です。

最後に、私の郷土史調査で最近判明した「二万事件」を特集記事として加えておきます。何だか日本の起こす戦争のひどさの原点がここにあるような気がしています。ぜひお読みいただけたら幸いです。

２０１９年12月

杉原尚示

歴史散策は楽しい
―倉敷市水島のまち・ひと・自然

2019年12月28日　発行

著者　杉原尚示

装丁　守安涼（株式会社吉備人）

発行　吉備人出版
〒700-0823 岡山市北区丸の内2丁目11-22
電話 086-235-3456　ファクス 086-234-3210
ウェブサイト www.kibito.co.jp
メール books@kibito.co.jp

印刷　株式会社三門印刷所

製本　株式会社岡山みどり製本

ISBN978-4-86069-606-1　C0095